Harmonisierung
mit Klang und Farbe

oder wie energetisiert man Wasser

Ein Buch über Schwingungen

Marion Sigmund, 2009

3. Auflage

www.harmonisierung-berlin.de

Herstellung und Verlag: Books on Demand GmbH, Norderstedt

ISBN: 978-3-8370-4341-9

ISBN: 3-8370-4341-X

Über die Autorin:

Marion Sigmund wurde 1958 in Eberbach am Neckar geboren. Sie hat naturwissenschaftliche Ausbildungen als Chemielaborantin und als Dipl. Ing. Chemie in Berlin absolviert. Sie arbeitete als Laborleiterin in der Umweltanalytik, als Buchhändlerin für naturwissenschaftliche Bücher und Sprachen, sie arbeitet nebenberuflich als Übersetzerin Dänisch-Deutsch, und ist im Bereich der Wasserfilterung und Wasserharmonisierung spezialisiert. Im tiefsten Herzen ist sie seit ihrer Kindheit auch Musikerin. Sie singt, spielt verschiedene Instrumente und musiziert mit Chören und Instrumentalisten.

Inhaltsverzeichnis

Vorwort

Diese Informationsschrift stellt ein Bindeglied zwischen Physik, Musik, Mathematik und Wasserbetrachtungen dar. Die verschiedenen Fachgebiete sind kurz angeschnitten, und versteigen sich nicht in unverständlichen Tiefen. Diese Broschüre soll einen ersten Eindruck über verschiedene Tatsachen vermitteln, die unmittelbar zusammenhängen. Es ist gewollt und beabsichtigt, die Fachgebiete nicht weiter zu vertiefen, damit dieses Heft eine Informationsübersicht bleibt. Kurz, knapp und konzentriert. Man möge bei weiterem Interesse auf die Originalliteratur zurückgreifen. Die Broschüre ist für Menschen interessant, die sich mit Wasser beschäftigen, es energetisieren, beleben oder harmonisieren, und gerne darüber mehr wissen wollen. Sie ist ebenso für diejenigen interessant, die obige Leute als esoterische Spinner einordnen, und die die Techniken und Notwendigkeit der Wasserbelebung als Humbug und Scharlatanerie abtun. Bei den größten Skeptikern handelt es sich oft um knallharte Naturwissenschaftler, denen mit dieser Broschüre die Gelegenheit gegeben wird, die Zusammenhänge des vermeintlich Esoterischen in den Naturgesetzen zu erkennen. Im weiteren ist diese Informationsschrift auch für Musiker aller Disziplinen interessant, die ihren musisch-kreativen Bereich selten mit Physik oder Mathematik in Verbindung bringen.

Hier geht es um Schwingungen und deren Energie auf allen Ebenen - angefangen von Schwingungen im mikroskopischen Bereich bis in den kosmischen Bereich. Die Leserinnen und Leser erfahren etwas über Schwingungen in Atomen, in der Musik und bei Planeten. Es geht ums Hören (Töne), Sehen (Farben) und Fühlen, um Frequenzen, Wellenlängen, und um das Oktavgesetz, und das Transponieren bzw. Oktavieren von Schwingungen, von dem nicht wahrnehmbaren Bereich in den hörbaren und sichtbaren Bereich. Wir rechnen den Jahreston der Erde aus, kommen kurz nach Indien, und sprechen über den Kammerton a'. Es gibt eine kleine Tabelle über Planetenschwingungen, deren Töne und Farben, und vieles mehr in kompakter verständlicher Form mit Quellenangaben und Internetlinks.

Wer sich für die Hintergründe unseres Daseins interessiert, und schon viele Bücher in seinem persönlichen Interessensgebiet gelesen hat, der findet hier vielleicht weitere Anregungen für das Wissen, das ihm/ihr vielleicht bisher noch gefehlt hat.

Jeder der sich einseitig mit einem Gebiet befasst, ist eben auch nur einseitig informiert.

Marion Sigmund März 2009

Harmonisierung

mit Klang und Farbe

oder wie energetisiert man Wasser

Wer nichts weiß, der muss alles glauben (Marie Ebner-Eschenbach)

Einleitung

Im Bereich Wasser wurde schon viel über Energetisierung, Belebung, Informierung, Vitalisierung, Lebendigmachen, Harmonisierung usw. geschrieben, und dies ist vielleicht der bekannteste Bereich, in dem diese Bezeichnungen verwendet werden.

Ich möchte keine weitere diffuse Abhandlung zu diesem Thema verbreiten, und auch nicht schamlos von anderen Autoren abschreiben, um ein Buch zu verwirklichen, sondern ein paar erklärende und zusammenfassende Gedanken um dieses Thema herum aufschreiben, die die oben genannten Phänomene besser beschreiben können.

Ich wünsche mir, den gesunden Menschenverstand und das Interesse für diese Zusammenhänge zu erwecken, und möchte an einen Punkt (zurück)führen, der fest an die Natur und unsere natürliche Umgebung, die Erde, gebunden ist, eine Umgebung, die wir selbst kaum noch wahrnehmen oder wahrnehmen dürfen. Auch die, die diese Phänomene als Humbug oder esoterischen Schwachsinn abtun, können hier ein kleinen Einblick in die selbstverständliche Natürlichkeit dieser Vorgänge bekommen, und ihre oft vorurteilsbehafteten Einstellungen überdenken.

Eine einfache Formel zur Beschreibung der Welt

Bereits Albert Einstein war auf der Suche nach einer grundlegenden Formel, mit der sich unser Dasein beschreiben lässt. Er war sich sicher, dass es eine ganz einfache Formel sein würde. Nach dieser Formel hat er sein Leben lang gesucht, und mit $E = m * c^2$ eine einfache Formel gefundenen, die aufzeigt, wie Energie und Masse voneinander abhängen.

Physikalische Formeln bestehen aus Abkürzungen für bestimmet Begriffe, die mit mathematischen Funktionen = + - * oder : verknüpft sind. Siehe unten.

Spielerei mit den Formelabkürzungen

$$E = m * c^2$$

E = Energie (Joul = J)
m = Masse (Kilogramm kg)

c = Geschwindigkeit des Lichts =
c = 299.792.458 m/s (Meter pro Sekunde)

c^2 = Lichtgeschwindigkeit zum Quadrat
c^2 = 299.792.458 m/s * 299.792.458 m/s
c^2 = 8,9876 * 10^{16} m²/s²

Diese Formel sagt aus, wenn man eine Masse mit dem Quadrat der Lichtgeschwindigkeit (c^2=299.792.458m/s * 299.792.458m/s) beschleunigen würde, dann würde sich diese Masse komplett in Energie bzw. in Schwingungsenergie [1] verwandeln.

Dieses Prinzip, eine ganz einfache Formel zu finden, hat Einstein u. a. so genial gemacht. Die Natur ist kompliziert zu verstehen, mit all den vielen kleinen Details, die die Forscher inzwischen gefunden und beschrieben haben, aber es gibt etwas, das alle Naturerscheinungen gemein haben. Hinter all dem Komplizierten verbirgt sich etwas genial Einfaches, auf das alles aufbaut.

Ich bin mir sicher! Dieses "Einfache" sind Schwingungen, bzw. Schwingungsenergie. Klar, werden Sie jetzt sagen, ist doch nicht Neues! Eben und deshalb ist es so einfach.

Da ich letztendlich über Wasser- und Lebensharmonisierung berichten möchte, möchte ich ein bisschen ausholen, um die Einfachheit und die Zusammenhänge von Schwingungen zu erklären. Es folgen nun viele kleine Abstecher in verschiedene Fachgebiete, die sich am Ende der Broschüre hoffentlich für jeden zu einem umfassenden Gesamtbild zusammenfügen lassen.

Orgon

Ich möchte mit einigen, auf dem Markt befindlichen "professionellen" Wasser-Energetisierungsgeräten beginnen, die Getränke, also das Wasser darinnen, mit einer "unsichtbaren" Schwingungs-Energie vitalisieren sollen.
Hier findet man energetisierende Untersetzer, Scheiben, Platten, Metallkarten, Holzbretter, energetisiertes Quarzmehl und andere Materialien, die mit irgendwelchen interessanten "essentiellen" Schwingungen (Informationen) "bespielt" wurden. Die Hersteller beschreiben ihre Produkte so verkaufsfördernd, und gleichzeitig so gekonnt verworren, dass wir oft gar nicht bemerken, wie wir mit schönen Worten von einer eigentlichen Erklärung der Funktionsweise des Produktes abgelenkt werden. Wir erfahren

nicht wirklich etwas über die Herstellung, den Inhalt oder die Wirkungsweise des Produktes. Die Kunst etwas zu sagen, ohne etwas zu sagen, ist gerade in diesem Bereich sehr ausgeprägt. Ich unterstelle einmal, dass einige (vermutlich mehr als einige) gar nicht genau wissen, was sie da eigentlich tun, sondern verwenden irgendein erworbenes Patent, das sich auf dem Gebiet der Wasserenergetisierung, -belebung, -harmonisierung etc. in Geld verwandeln lässt. *(Ein altes Sprichwort sagt schon: Wer nichts weiß, spricht über den Preis.)* Gesetzliche Vorgaben, z. B. verbotene Produktbeschreibungen im Gesundheitsbereich, und die Angst vor dem Diebstahl des Betriebsgeheimnisses tun ihr übriges, um diese Geräte möglichst diffus erscheinen zu lassen. So entsteht der Eindruck es handle sich um Geräte mit esoterischen Wirkungen, die dem Bereich des Glaubens zuzuordnen sind.
Dass es sich hierbei um Physik bzw. tiefgehende Quantenmechanik handelt, vermuten die wenigsten.

Wie aber wurden nun diese speziellen, angeblich für uns und das Wasser so wichtigen, unsichtbaren Schwingungen, von z. B. dem für uns nicht nur homöopathisch wichtigen Element Sauerstoff, auf das entsprechende Material überspielt, kopiert, aufgebracht, aufgestrahlt oder eingeprägt? Und das auch noch oft mit dem Versprechen einer unendlich langen Haltbarkeit.

Große Geheimniskrämerei über uraltes Wissen und umständliche oder übertechnisierte Beschreibungen sollen also verhindern, dass wir, Otto-Normalverbraucher nicht den Schimmer einer Chance von Durchblick in diese "so geheimnisvolle Technik" des Schwingungs-Energie-Übertragens erhalten. Alles soll schön geheim bleiben, und mit möglichst viel Profit, in Form eines ansprechenden Energetisier-Gerätes an die Frau oder an den Mann gebracht werden.

Natürlich soll auch verhindert werden, dass wir solche Gerät selber bauen oder herstellen können. Das ist aber weit her geholt, denn nicht jeder will und kann als Tüftler oder Bastler im Keller verschwinden, und solche Geräte selber bauen. Viele freuen sich, wenn sie so ein schönes wirkungsvolles Gerät zu einem angemessenen Preis einfach kaufen können. Auf der Beschreibung des Gerätes sollte jedoch zumindest der Versuch einer verstehbaren Erklärung gemacht werden, damit die Käufer die Möglichkeit erhalten, zu entscheiden, ob die Ware dem Preis auch gerecht wird.

Dort könnte beispielsweise vermerkt sein:

- Welche sichtbaren und versteckten Informations-Muster, oder unsichtbaren Information (homöopathische Schwingungen) wurden auf dem Getränke-Untersetzer oder dem Energetisier-Gerät gespeichert bzw. aufgeprägt. Was soll damit erreicht werden.
- Die Technik der Informationsübertragung.
- Aus welchem Material besteht das Produkt.

Das oben angedeutete Verfahren, Schwingungen (Energie) bzw. Informationen auf ein beliebiges Material zu kopieren, wird in den meisten Fällen, mit Hilfe eines Orgon-Akkumulators durchgeführt.

Wer jetzt davon noch nichts gehört hat, dem empfehle ich, eine kleine Biographie über Wilhelm Reich, und seine Findung der Bione, der Orgon-Energie und des Kastens zum Sammeln der uns umgebenen Orgon-Energie zu lesen, oder vielleicht in der Kürze der Zeit einfach mal rasch bei Wikipedia oder im Literaturverzeichnis [2] nachzuschlagen. Hilfreicher Einstieg über Orgon-Energie und Orgon-Akkumulatoren ist auch die Internetseite von Jürgen Fischer [3], der meiner Meinung nach das geistige und praktische Erbe von Willhelm Reich angetreten hat.

Dieser Kasten, Orgon-Akkumulator genannt, kann die uns umgebene Orgon-"Teilchen"-Energie aufkonzentrieren (akkumulieren), welche dann wiederum entweder direkt und pur als Vitalquelle verwendet werden kann, oder mit der man, mit entsprechenden "Kopiervorlagen", Schwingungen von essentiellen

Stoffen, Elementen und Molekülen als "homöopathische" Information (feinstoffliche Schwingung) auf diverse Materialien übertragen, überspielen, kopieren kann. "Teilchen" deshalb weil man Orgon auch in Form von Kreiselwellen sehen kann.

Mit konzentrierter Orgon-Energie können Schwingungs-Informationen von z. B. Sauerstoff auf Materialien wie Holz, Glas, Metall, Stoffe und Wasser gespeichert werden. Diese Materialien geben die gespeicherten Schwingungs-Energien auch wieder weiter, so zum Beispiel an Wasser.

Wie das im Einzelnen verwirklicht wird, kann man direkt bei Jürgen Fischer [3] nachlesen, und man kann sich auch selbst so einen Orgon-Akkumulator kaufen, oder bauen, mit dem man dann jede gewünschte Information/Schwingung übertragen, kopieren und speichern kann. In einem Orgon-Kurs mit Jürgen Fischer wurde z. B. der Informationsgehalt von den Bachblüten "Rescue-Tropfen" auf Cognac übertragen, der Kopiervorgang dauerte nur eine Minute. Benutzt wurde dazu ein kleiner Orgon-Akkumulator, der etwa so groß wie ein Würfel mit der Kantenlänge von ca. 40 cm x 40 cm x 40 cm war. Innen waren 2 Fächer. In dem oberen Fach stand die Vorlage mit den Rescue-Tropfen in dem unteren Fach das Gläschen mit dem Cognac. Auf diese Weise kann der Informationsgehalt jeder Bachblüte, jedes homöopathischen Mittels oder anderer Molekül- oder Element-Schwingungen etc. auf fast jedes Material kopiert und übertragen werden. Dies ist alles nur eine Frage der Größe bzw. der Sammelstärke des Orgon-Akkumulators. Wie lange die Energie auf dem jeweiligen Material gespeichert bleibt, hängt von der Intensität der gespeicherten Orgon-Energie ab, und ob die Schwingung von anderen Schwingungen beeinflusst wird. Man kann sich z. B. auch als "Patient" in einem Orgon-Akkumulator behandeln lassen, indem man einfach über einen gewissen Zeitraum, täglich

Minuten bis Stunden darin zubringt. Es gibt einige Ärzte, die sogar in der Krebstherapie mit Orgon-Akkumulatoren arbeiten.

Orgon-Energie und Orgon-Akkumulatoren, sowie mit auf Quarzmehl und anderen Materialien gespeicherte Sauerstoffinformation etc. werden z. B. auch von der Firma Roland Plocher zur Seenreinigung und in der Landwirtschaft, und von der Firma Penergetic (Daniel Plocher) [17] für Anwendungen in Haushalt und Natur umgesetzt.

Man kann Orgon-Energie auch hören. Wer das leise Singen oder Rauschen im Kopf wahrnimmt, das von Geburt an, ständig und unablässig vorhanden ist, der hört ziemlich wahrscheinlich Orgon-Schwingungen, und hat nicht etwa einen Tinnitus. Auf der Homepage von Jürgen Fischer [3] gibt es Hörbeispiele zwischen 3000-9000 Hz für dieses Orgon-Rauschen. Trifft man mit den Hörbeispielen genau die wahrgenommene Ton-Frequenz, wird diese Frequenz durch Resonanz kurzzeitig gelöscht. Gehen zwei Töne in Resonanz löschen sich diese aus. Das Singen im Kopf ist dann nicht mehr zu hören. Dieses Phänomen wird auch in der Tinnitus Behandlung angewendet, indem man die Frequenzen durch Resonanz beim Patienten zu löschen versucht, und hierüber wird auch ermittelt, welche Töne und Frequenzen der Patient in seinem Inneren eigentlich hört.
Orgon weist also gewisse Frequenzen auf. Frequenzen sind Schwingungen, und Schwingungen sind Energie, aber davon erfahren Sie gleich mehr.

Zweifel

Ich gehe davon aus, dass obige Zeilen nicht in Zweifel gezogen werden, denn es gibt eine Reihe von wissenschaftlichen Untersuchungen und eine Reihe von Ärzten, die sich schon lange mit der Orgon-Behandlung beschäftigen, und diese erfolgreich anwenden.

Nur weil man noch nie von einer Gegebenheit gehört haben, muss sie ja nicht unglaubwürdig sein. Eigene Recherchen sind hier in jedem Fall erwünscht, und führen mit Sicherheit zu dem Wissen, dass Ihnen, liebe Leser und Leserinnen, sonst so geschickt vorenthalten wird.

Im Bereich der Forschungen von Wilhelm Reich finden sich noch andere interessante Beobachtungen, die heute z. B. auch von James De Meo [4] intensiv angewendet, und weiter erforscht werden. James De Meo hat zum Beispiel ein Buch über den Bau von Orgon-Akkumulatoren geschrieben, und arbeitet aktiv an der Erzeugung von Regen in Wüstengebieten, das im engen Zusammenhang mit der Orgon-Energie steht.

Ich wollte nun aber eigentlich überhaupt keinen langen Vortrag über Orgon halten. Jedoch zum Verständnis von Schwingungen und einer sinnvollen Wasserbelebung ist es vielleicht eben doch wichtig, es erwähnt zu haben. Orgon ist also eine Schwingung bzw. Energie, von der wir tagtäglich umgeben sind. Man kann Orgon sehen, hören, und zur Energie- u. Vitalsteigerung verwenden. Wie man Orgon sehen kann, erklärt Jürgen Fischer [3] in seinen Kursen und auf seiner umfassenden Internetseite.

Schwingungen und das Atom Wasserstoff

Was sind Schwingungen eigentlich genau? Welche Schwingungen sind für Mensch, Tier und Pflanze und für unsere Welt wichtig?

Schwingungen sind überall. Manche kann man fühlen, manche hören oder sehen. Es gibt jedoch auch unendlich viele natürliche, und künstlich erzeugte Schwingungen, die völlig unsichtbar und "unbemerkt" bleiben. Fakt ist, dass unsere gesamte Welt durch natürliche Schwingungen zusammengehalten, und durch künstliche Schwingungen, z. B. von der 50 Hz Schwingung unseres Stromnetzes beeinflusst wird.

Würde nichts schwingen, würde unsere Welt in sich zusammenfallen, oder vielleicht in ein schwarzes Loch (so wie ich mir ein "schwarzes Loch" vorstelle) verwandelt werden. Lassen Sie uns nun in mikroskopisch kleine Welten eindringen, um uns den Schwingungen zu nähern.

Zwischenräume

Man stelle sich ein Wasserstoffatom vor. Das Wasserstoffatom ist das erste Element im Periodensystem der Elemente (PSE) und besitzt ein Proton im Atomkern und ein Elektron. Wasserstoff ist das häufigste Element in unserem Universum. Im Zentrum des Atoms befindet sich der Atomkern, und in einem ziemlich großen Abstand vom Kern rast ein Elektron so schnell um den Kern herum, dass das Elektron selbst gar nicht zu sehen ist. Das Elektron ist durch seine hohe Geschwindigkeit überall gleichzeitig. Wäre das Elektron beleuchtet, könnte man um den Kern herum, in großem Abstand, einen Lichtschein wahrnehmen. So wie man aus weiter Entfernung einen Lichtstrich sieht, wenn jemand eine Taschenlampe hin und her schwingt. Als Wasserstoff-Modell stellen wir uns einen runden Luftballon vor, in dessen Mitte ein Stecknadelkopf (der Atomkern) platziert ist. Die Hülle des Ballons markiert die Aufenthaltsumlaufbahn, auf der das Elektron herumsaust. Und nun wird es spannend. Wenn das Elektron durch sein Herumsausen diese Hülle um den Kern bildet, dann befindet sich ja zwischen dem Kern und der Hülle eigentlich Nichts, oder? Man könnte doch jetzt einmal versuchen, mit der Hand in diesen Zwischenraum zu greifen.

In unserer Vorstellung ist das möglich, jedoch in der Realität wird die vorhandene Energie, die zwischen dem Kern und der Elektronenhülle besteht, uns daran hindern, in diesen Zwischenraum einzudringen.

Wenn ein fester Gegenstand, sagen wir ein Tisch, auch aus solchen Atomen mit Elektronen, Atomkernen und Zwischenräumen besteht, dann müssen wir uns klar machen, dass der Tisch eigentlich hauptsächlich aus Zwischenräumen besteht. Der Atomkern selbst ist winzig klein, die Elektronen ca. 2000 Mal kleiner und leichter, aber die Abstände zwischen dem Kern und den Elektronen sind gigantisch groß. Ich müsste eigentlich mit meiner Hand durch den Tisch fassen können. Eigentlich dürfte ich den Tisch gar nicht sehen, denn er besteht ja genau genommen zum Großteil aus Zwischenräumen. Wie ein gigantisches Spinnennetz.

Warum kann ich mit meiner Hand also nicht durch den Tisch fassen? Warum falle ich nicht mit meinem Körper durch den Fußboden, oder verschmelze in dem Moment, in dem ich das Glas Wasser in die Hand nehme, mit dem Glas. Warum läuft das Wasser nicht aus dem Glas, aus den Zwischenräumen heraus?

Es sind die Schwingungen/Energie, die das verhindern! Die Schwingungs-Energien, die zwischen Atomkern und Elektron herrschen, sind so stark, dass alles von außen abgeschirmt wird. Da sind offenbar riesige Kräfte im Spiel.

Schwingungen und Temperatur

Ich komme noch einmal auf das Wasserstoffatom zurück. Stellen wir uns das runde Wasserstoff-Luftballon-Modell noch einmal vor. Im Moment beträgt die Außentemperatur 20 Grad Celsius oder 293,15 Kelvin. Wer von der absoluten Temperaturskala Kelvin noch nichts gehört hat, schaut am besten gleich mal ins alte Physikbuch, oder wieder rasch bei Wikipedia [5] nach. Hier sei nur soviel gesagt: Ein Temperatursprung von 1 Grad Celsius entspricht auch einem Temperatursprung von 1 Kelvin.

20 Grad Celsius = 293,15 K und 0 Grad Celsius = 273,15 K.

Lord Kelvin hat eine Temperatur errechnet, nämlich 0 Kelvin (-237,15 Grad Celsius), bei der im Universum der absolute Nullpunkt erreicht wäre. Bei diesem absoluten Nullpunkt würde die Schwingungsenergie zwischen dem Atomkern und dem Elektron auf Null sinken, und das Wasserstoffatom würde zu einem winzigen Nichts zusammenschrumpfen, und in sich zusammenfallen. Wenn es kälter wird, schrumpft alles zusammen, auch die Atome. Die Luftballonhülle würde immer kleiner werden. Das Elektron würde beim absoluten Nullpunkt auf den Atomkern fallen und mit ihm verschmelzen. Den Raum, den das Luftballon-Modell vorher ausgefüllt hätte, wäre nun mindestens mal so klein wie der gedachte Stecknadelkopf, oder sogar noch kleiner. Es würde kein Elektron mehr um irgendeinen Atomkern sausen. Es gäbe keine Schwingungsenergie mehr zwischen Atomkern und Elektron, und das würde mit allen Atomen und Molekülen im ganzen Universum passieren. Alles würde sich in einem einzigen winzigen Punkt konzentrieren, und vielleicht fände unser ganzes gigantisches Universum nun Platz in einem Ball der Größe eines Tennisballs. Wer weiß? Die Astronomen können so etwas exakt berechnen. Ich will hier keine absoluten Zahlen vorlegen, sondern nur eine Vorstellung vom dem liefern, wie wichtig Schwingungsenergie in unserem Leben ist. Ohne Schwingungen würden wir nämlich gar nicht existieren. Wir wären praktisch **NICHTS**.

Physiker können genau berechnen, wie groß oder klein so eine Schwingungsenergie zwischen Atomkern und Elektron ist. Für jedes Element und für jedes Elektron existieren verschiedene Energiemengen. Auf Grund dieses Wissens können Chemiker in ihren Labors neue Moleküle bauen. Sie rechnen aus, wie ein Molekül auf ein anderes Molekül "reagieren" wird, und können recht gezielt vorhersagen, wie sich zwei Moleküle miteinander verbinden lassen, und welche neuen Verbindungen dann entstehen. Chemiker bauen neue Wunsch-Verbindungen, oder bekannte, natürlich vorkommende Verbindungen nach, z. B. Vitamin-C oder Acetysalicylsäure (Aspirin), die natürlich in der Rinde des Weidenbaumes vorkommt.

Die Leuchtkraft von Sternen oder Elektronensprünge

Ein anderes Beispiel zum Thema Schwingungen.

Astronomen schauen sich mit Spektralmessgeräten die Spektrallinien von anderen Sternen/Sonnen an, und können über Lichtjahre entfernt bestimmen, aus welchen Elementen ein Stern oder eine Sonne aufgebaut ist. Das können sie, weil die Energieverhältnisse in den Atomen der verschiedenen Elemente heute genau bekannt sind.

Wenn das Elektron in dem Wasserstoff-Luftballon-Modell angeregt wird, also die Temperatur erhöht wird, verlässt das Elektron die bisherige Hülle und springt auf die nächste Hülle. Das Elektron darf sich aber nur auf ganz bestimmten Bereichen bewegen. Um einen Atomkern herum existieren viele, genau definierte Bereiche, auf die die Elektronen springen können. Wenn das Elektron auf den nächsten Aufenthaltsbereich springt, nimmt es Energie auf, und zwar genau so viel Energie, wie es benötigt, um diesen Sprung (Quantensprung) ausführen zu können. Mehr darüber erfährt man in der Quantenphysik. [6] Fällt das Elektron dann wieder auf seinen ursprünglichen Aufenthaltsbereich zurück, dann gibt es die vorher aufgenommene Energie in Form von Licht wieder ab.

(Astro)Physiker kennen nun die Energieportionen (Quanten) ganz genau, die ein angeregtes Elektron abgibt, wenn es wieder auf seinen ursprünglichen Aufenthaltsbereich/Energieniveau zurückfällt. Je größer das Atom, desto mehr Aufenthaltsbereiche und Elektronen weist es auf.

Stellen wir uns das Element Eisen vor. Es besitzt die Ordnungszahl 26, und steht an 26. Stelle im Periodensystem der Elemente (PSE). Eisen besitzt 26

Protonen und 26 Neutronen im Atomkern, und 26 Elektronen, die um den Atomkern herumsausen. Diese 26 Elektronen rasen auf genau festgelegten Aufenthaltsbereichen, oder Energieniveaus um den zusammengeballten Atomkern herum. Wie in einem Sternensystem, nur im Miniaturmaßstab.

Eisen weist 26 verschiedene Energieniveaus für 26 Elektronen auf. Jedes Elektron hat seine eigene Rennbahn, denn sie dürfen ja auf ihrem Weg um den Atomkern nicht mit anderen Elektronen zusammenstoßen. Man kann sich auch vorstellen, dass jeder Aufenthaltsbereich eine andere Farbe besitzt. Das wäre dann ein farbenfrohes Kreisen und Herumzischen. Das äußerste Elektron besitzt am wenigsten Bindungsenergie zum Atomkern, gehört aber fest dazu, genau wie der äußerste Planet zu einem Sonnensystem.

Wenn das Eisen nun erwärmt (anregt) wird, dann springen die Elektronen weiter nach außen, auf den nächsten oder übernächst gelegenen Aufenthaltsbereich. Wenn die Elektronen dann wieder auf ihr ursprüngliches Heimat-Niveau zurückfallen, werden genau definierte Lichtportionen (Lichtquanten) abgegeben. Jeder Sprung eines dieser 26 Elektronen gibt eine ganz bestimmte Energieportion in Form von Licht ab. Die Zusammensetzung dieser Energieportionen ist für jedes Element ganz charakteristisch, und kann über Wellenlängen gemessen werden. Die verschiedenen Wellenlängen bilden die Spektrallinien. Wellenlängen kann man auch in Frequenz (Hz) umrechen.

Wenn das Eisen nun durch Feuer hoch erhitzt wird, fängt es an zu leuchten, weil die Elektronen in diesem Eisen ständig von angeregten Aufenthaltsbereichen auf ursprüngliche Aufenthaltsbereiche zurückfallen, und anschließend wieder erneut angeregt werden. Hier werden viele Lichtquanten abgegeben, die wir in Form des gelblich-rötlichen Glühens sehen können. Ein Spiel, das bei erhöhten Temperaturen ständig abläuft. Dieses Leuchten von Eisen besitzt eine charakteristische Energieverteilung mit charakteristischen Spektrallinien, die mit einem Spektrallinienmessgerät gemessen werden können. Die Zusammensetzung der Spektrallinien sind ausschließlich auf die im Eisen anzutreffenden Quantensprünge der Elektronen zurückzuführen. Wenn nun ein fremder Stern, oder eine Sonne, Eisen enthält, und dieser auch Lichtjahre von uns entfernt liegt, dann kann man hier auf unserem kleinen Planeten Erde diese signifikante Wellenlängenverteilung von den Eisen-Elektronen-Quanten-Sprüngen sehen, messen, und bestimmen. Wir können dann mit Sicherheit sagen, dass auf diesem entfernten Stern Eisen vorkommt. Vorraussetzung dafür ist, dass das Eisen oder andere Elemente auf den Sternen angeregt, also erwärmt sind, sodass wir das Licht dieser angeregten Elemente hier messen können. Wir sind heute sogar in der Lage, die Menge der Elemente auf den Sternen zu bestimmen.

So erzählen uns alle leuchtenden Sterne am Himmel ihre eigene Geschichte, über ihre atomare Zusammensetzung. Das Licht, das wir hier auf der Erde sehen können, stammt also von dem Leuchten der verschiedenen Elemente auf anderen Sternen/Sonnen, die ihre Lichtquanten mit Lichtgeschwindigkeit in alle Richtungen versenden. Das Licht kann viele hundert bis tausend Jahre unterwegs sein, bis es uns erreicht, wenn diese Sterne sehr weit von uns entfernt liegen. Das Licht breitet sich mit einer Geschwindigkeit von 299.792.458 Meter pro Sekunde aus, und ein Licht, ausgesendet vom Mond, benötigt etwa 1,2 Sekunden, bis wir es hier auf der Erde sehen können.

Licht ist Schwingung und Teilchen zugleich, und trägt eine hohe Energie auf seinem Weg mit sich herum. Das kann man leicht am Sonnenbrand spüren, den man sich beim unvorsichtigen Sonnenbaden zugezogen hat. Sonnenlicht besteht aus unglaublich vielen einzelnen Wellenlängen und Spektrallinien und somit aus entsprechend vielen Farben, die Ihren Ursprung in den Quantensprüngen der Elektronen diverser Elemente haben. Wird Sonnenlicht durch ein Prisma geschickt, wird es in die verschiedene Farben (Wellenlängenbereiche) zerlegt. Bei einem Gewitter sieht man einen

Regenbogen, wenn das Licht durch die Wassertropfen gebrochen und zerlegt wird, sodass man das ganze sichtbare Spektrum von unserem Sonnenlicht sehen kann.

Im Periodensystem der Elemente (PSE) sind zur Zeit 118 Elemente gelistet, wobei einige nur in äußerst geringen Konzentrationen auf unserem Planeten zu finden sind. Jedoch weisen alle Elemente mit ihren Elektronen signifikante Schwingungen auf, und lassen sich spektralanalytisch bestimmen.

Schwingungen und Frequenzen - Augen und Ohren

Wo führt uns diese Betrachtung hin? In dem Wort Schwingungen konzentrieren sich viele Bezeichnungen einer Grundenergie. Schwingungen können alles mögliche sein. Sie können von einer physikalischen Einheit in die andere umgerechnet werden. Es gibt sichtbare und unsichtbare Schwingungen oder Energien, die das ganze Leben im Universum beeinflussen.

Schwingungen sind Masse, Energie, Wellenlänge, Klang, Farbe etc.

Eine Schwingung, ganz banal ausgedrückt, kann als Zeitdauer einer wiederkehrenden Aktivität ausgedrückt werden. Dabei kann es sich um ganz große Zeiträume oder ganz winzige Zeiträume handeln, die eine Schwingung benötigt, um wieder an ihren Ursprungsort zurückzukehren. Schwingungen werden z. B. als Frequenz (Häufigkeit) in Hertz (Hz) pro Sekunde (Häufigkeit/Zeitdauer) gemessen.

> **1 Hz bedeutet 1 Schwingung pro Sekunde (1 * sec $^{-1}$) oder (1 / sec)**
>
> / = : (geteilt)
>
> **Frequenz = 1/Zeitdauer (in Sekunden)**
>
> **Hz = 1 / sec**

Da bei der Einheit Hertz (Hz) alles in Sekunden gezählt wird, muss eine Zeitdauer also vorher immer in Sekunden umgerechnet werden, damit man sie in Hz ausdrücken kann.

Ich besitze eine Stimmgabel mit 440 Hz. Das bedeutet, dass diese Stimmgabel 440 mal in der Sekunde hin- und herschwingt, wenn ich sie anschlage. Diese Schwingungen kann ich mit meinem Ohr hören. Ich höre den, von einer internationalen Konferenz willkürlich festgelegten, Kammerton a'.

Ah, und nun haben wir schon etwas Wichtiges erfahren. Man kann Schwingungen hören. Und tatsächlich: unser geniales Ohr hört, vernimmt Schwingungen von ca. 16 Hz bis 20.000 Hz. Das Ohr kann Schwingungen über einen musikalischen Tonraum von etwa 10 Oktaven hören.

Das menschliche Auge kann sehr niedrige Schwingungen als Bewegung wahrnehmen. Ein schwingender Gegenstand mit z. B. 16 Hz, also 16 Schwingungen pro Sekunde, besitzt einen ganz tiefen Ton, den unser Ohr auch gerade noch hören kann. Diese Schwingung kann unser Auge zwar als Unschärfe sehen, aber nicht mehr im einzelnen auflösen und zählen.

Was sieht unser Auge noch für Schwingungen?

Unser Auge hat seine eigentliche Sensibilität in einem anderen Schwingungsbereich.

Das Auge sieht und registriert Schwingungen in einem Wellenlängenbereich von etwa 380 nm - 780 nm (Nanometer = 10^{-9} Meter), von violett bis rot, oder in Hertz ausgedrückt, von etwa $7,89 \cdot 10^{14}$ Hz - $3,84 \cdot 10^{14}$ Hz (10^{14} ist eine 1 mit 14 Nullen). An den Zahlen sieht man schon, dass hier Schwingungen mit einer sehr, sehr kurzen Zeitdauer im Spiel sind.

Je kürzer die Schwingung oder die wiederkehrende Aktivität, also die Zeitdauer, desto höher die Energie.

Unser Auge ist also für einen ganz anderen Schwingungsbereich als unser Ohr ausgelegt, wie man an dem gewaltigen Frequenzunterschied deutlich erkennen kann.

Ohr	**=**	**16 Hz – 20.000 Hz**
Auge	**=**	**$7,89 \cdot 10^{14}$ Hz - $3,84 \cdot 10^{14}$ Hz**

Das Auge hat einen Betrachtungsraum von nur 1 Oktave, aber darauf komme ich später noch einmal kurz zurück.

Verdeutlichung des sichtbaren Bereiches

380 nm - 780 nm

violett - rot

$7,89 \cdot 10^{14}$ Hz - $3,84 \cdot 10^{14}$ Hz

Je energiereicher das Licht, desto schneller ist die Schwingung.

Violettes Licht ist energiereicher als rotes Licht.

Ultraviolettes Licht (UV-Licht) ist noch energiereicher und kann uns einen Sonnenbrand verursachen. UV-Licht können wir nicht mehr sehen.

Die Energie nimmt nach links zu

⟵————————————————————————

Mehr Erklärungen über die Regenbogenfarben, siehe Link [22]

Schwingungen und der Körper

Welche Schwingungen kann ein Mensch noch wahrnehmen? Eine Wahrnehmungsfähigkeit des Menschen, ist die Fähigkeit Schwingungen über den Körper zu spüren. Wir können es fühlen, wenn wir etwas berühren, das vibriert. Manche Menschen sind so sensibel, dass sie mit den Händen feinste bis feinstoffliche Schwingungen registrieren können. Im Allgemeinen kann der Mensch über Kontakt-Aufnahme mit den Händen, oder mit dem ganzen Körper vibrierende/schwingende Dinge wahrnehmen, ertasten und erfühlen. Die Haut mit ihren vielen feinen Nervenenden leitet feinste Schwingungen an das Gehirn weiter, wo sie direkt verarbeitet werden. Über die Haut können wir sogar Ultraschallsignale verarbeiten.

Ein Gitarrenkörper oder andere Klangkörper schwingen fühlbar mit, wenn eine Saite angeschlagen wird. Der Klangkörper geht in Resonanz (Resonanz=Widerhall) mit der Saite. Wenn man einen schwingenden Holzkörper berührt, kann man diese Schwingung wahrnehmen, und der eigene Körper geht ebenfalls in Resonanz. Schlägt jemand eine Klangschale an, die auf meinem Körper ruht, dann fühle ich ein Kribbeln und Vibrieren im Bereich der angeschlagenen Klangschale. In diesem Fall kann man die Schwingung fühlen UND hören. Die Frequenzen des Klanges werden vom Körper aufgenommen und gleichmäßig bis in die letzte Pore verteilt. Füllt man Wasser in eine Klangschale, und schlägt diese dann kräftig an, sind auf der Wasseroberfläche kleine Wellen (Schwingungen) zu beobachten. Diese Wellen werden auch in unserem Körper erzeugt, wenn eine Klangschale auf ihm angeschlagen wird, denn wir bestehen ja mindestens zu 70 % aus Wasser.

Wird also eine Klangschale auf dem Körper angeschlagen, wird der Klang, der Schall, die Schwingungen oder die Frequenzen über das Medium Wasser, über die Knochen und das Gewebe, sowie über die Nervenfasern und Meridiane in den Körper und an das Gehirn und an die Organe weitergeleitet und verteilt.

Dass Knochen Schall leiten, kann man an einem schönen Experiment erfahren. Wenn Sie eine Stimmgabel zur Hand haben, dann schlagen Sie diese einmal an, und legen sie diese an den (Musik)-Knochen am Ellenbogen. Spüren und hören Sie! Man hört nichts.

Nun wiederholen Sie das Anschlagen, stecken sich jedoch den Zeigefinger des Armes ins Ohr, an dessen Ellenbogen Sie die angeschlagene Stimmgabel halten. Nun werden Sie den Klang der Stimmgabel über die Knochen, über Ihren Zeigefinger hören können. Dies ist Knochenleitung. Ansonsten benutzt unser Körper alle inneren Höhlungen, z. B. im Kopf, als Resonanzräume, die unsere Stimme oder Klänge von Außen verstärken können.

Der ganze Körper ist ein Resonanzkörper.

Der ganze Körper kann in Schwingung versetzt werden.

Der Mensch hat also viele Sensoren (Ohren, Augen, Körper, Nerven), um Schwingungen wahrzunehmen, ob diese nun in Frequenz, Wellenlänge oder in noch anderen physikalischen Einheiten ausgedrückt werden. Auf der Internetseite von Dr. Joachim Schulz [16] kann man bequem von einer Schwingungs-Einheit in eine andere Schwingungs-Einheit umrechnen. Hier können Sie auch schön sehen, wie viele verschiedene Einheiten es für Schwingungen gibt.

Die große Frage - Technische Schwingungen

Eine Frage, die sich immer wieder stellt, lautet: Was ist mit dem Schwingungsbereich zwischen Ohr und Auge? Also zwischen Hören und Sehen? Zwischen diesen beiden Wahrnehmungsbereichen liegt ein so großer Frequenzraum, für den wir offenbar keinen Sensor, kein Organ besitzen.

Dass dazwischen, und "rechts" und "links" daneben, Schwingungen existieren, ist keine Frage, nur wir Menschen besitzen dafür anscheinend keine Detektoren. Das Bindeglied für diese Schwingungsbereiche sind möglicherweise Tiere und Pflanzen, die diese Bereiche für sich nutzen? Diese haben anders aufgebaute Organe und Sensoren und können möglicherweise genau in diesem Bereich wahrnehmen und kommunizieren. Fledermäuse können z. B. Ultraschall hören und UV-Licht sehen, was beides außerhalb unserer normalen Wahrnehmungsfähigkeit liegt.

Dr. Patrick Flanagan [24] nutzt die, inzwischen von Lenhardt nachgewiesene, Fähigkeit des Menschen, über die erbsengroße Sacculus-Drüse im menschlichen Innenohr, Ultraschall über die Haut mit dem sogenannten Neurophone wahrnehmen zu können. Hierbei können Taube wieder hören, indem Ultraschallsignale über die Haut und der Sacculus-Drüse direkt vom Gehirn verarbeitet, und für den Tauben hörbar werden. Diese Technik steht auch eng im Zusammenhang mit der Mensch-Delphin-Kommunikation. Diese Technik wird auch für Superlearning, Synchronisation der Gehirnhälften und für kreative Anregungen etc verwendet.

Vielleicht haben wir einfach noch nicht erkannt, dass außerhalb unserer Ortungssysteme vielleicht "Gespräche" von Insekten oder Mohnblumen geführt werden?

Man vermutet, dass das Ortungssystem von Walen durch die künstlichen Schwingungen der Echolotsysteme, und ähnlichen technischen Schwingungen, durcheinander gebracht wird, und die Wale sich deshalb an Küsten verirren und stranden. Die Klänge der Wale, die teilweise tiefer als 20 Hz liegen, besitzen eine große Reichweite. Je tiefer die Frequenz, desto größer ist die Reichweite unter Wasser. Wale sollen sich über den halben Erdball verständigen können, falls wir ihre Frequenzbereiche mit unseren technischen Errungenschaften nicht schon empfindlich gestört haben.

Unsere hoch technisierte Welt mit ihren vielen künstlichen Schwingungen, nutzt die für Mensch, Tier und Pflanze angeblich nicht wahrnehmbaren Schwingungsbereiche, um Radio, Fernsehen, Mobilfunk, GPS-Funk, Flugverkehrssignale, Echolot und vieles mehr zu verwirklichen. Wir sind von einer Flut künstlicher Schwingungen umgeben, auch wenn wir bewusst davon nichts registrieren, und man uns auch immer wieder gerne einreden möchte, dass diese Schwingungen keinerlei Wirkungen auf uns haben.

Stellen Sie sich einmal vor, Sie könnten Handy-Gesprächs-Schwingungen oder Fernsehsendungs-Schwingungen oder GPS-Routenplanung direkt, und nicht erst über entsprechende Empfangsgeräte, mit ihren eigenen Körper-Sensoren empfangen und auswerten. Wir werden ja mit all diesen Schwingungen gleichzeitig Tag und Nacht bombardiert ...

Dies mag als Idee genügen. Jeder kann den Gedanken weiterspinnen, und sich dieses Horrorszenario selber weiter ausmalen.

Schwingungen und Musik

Kommen wir zum Thema der Harmonisierung. Ein viel ge- und missbrauchtes Wort. Hierzu werden wir einen kleinen musikalischen Ausflug unternehmen.

Der Mathematiker Hans Cousto [7] hat mit der Findung des Oktavgesetzes einen unglaublich wichtigen Beitrag in der Schwingungswelt zum Vorschein gebracht. Nach eigenen Aussagen fand er das Oktavgesetz beim Studium der Bücher von Johannes Keppler. Das Oktavgesetz ist eine zwingende Folge der Gesetzmäßigkeiten, die Johannes Keppler in seiner "Weltharmonik" vorgelegt hat. Das Oktavgesetz ist auch durch zwei andere wissenschaftliche Untersuchungen (Hans Baumer über Spherics und Fritz-Albert Popp über Resonanzschwingungen von RNS und DNS) mit anderen wissenschaftlichen Methoden "zufällig" bestätigt worden, sodass das Oktavgesetz heute eine allgemeingültige und anerkannte Grundlage zur Beschreibung unserer Schwingungs-Welt geworden ist. Hans Cousto war jedoch der erste, der das Oktavgesetz für alle Schwingungsbereiche - von astronomischen Zyklen bis hin zu hörbaren Tönen und sichtbaren Farben, sowie auf den atomaren Bereich z. B. Wasserstoff anwendete. Auch hier möge man sich selbst mit dem Studium der Bücher von Hans Cousto das Wissen anlesen, das ich hier nur in Kurzform wiedergeben möchte. Zu Fritz-Albert Popp [8] findet man Grundlegendes in seinen Büchern oder im Internet.

Über das Oktavgesetz möchte ich nun gern einmal aufzeigen, wie unsere Erde klingt. Ja, Sie haben richtig gelesen, **wie die Erde klingt**. Dazu eine kleine Einführung über Obertöne und Oktaven.

Obertöne und der Zusammenhang zw. Musik und Mathematik

Schlägt man eine Saite auf der Gitarre oder auf dem Klavier an, dann hört man den angeschlagenen Grundton, und außerdem seine Obertöne. Bei jedem angeschlagenen Ton, egal auf welchem Instrument, entstehen immer auch Obertöne in einer ganz bestimmten natürlichen Reihenfolge. Diese Reihenfolge gehorcht mathematischen Gesetzmäßigkeiten, und ist für jeden Ton gleich. Aber, je nach dem, wie stark die Obertöne hervortreten, oder zurückstehen, entsteht dann das typische Klangbild eines Instrumentes. Eine Gitarre klingt deshalb wie eine Gitarre, weil die Schwingungen der Saiten zusammen mit dem Klangkörper eine ganz bestimmte Oberton-Lautstärke-Verteilung erzeugen. Alle Obertöne sind zwar vorhanden, aber nur einige von ihnen erzeugen den charakteristischen Klang eines Instrumentes oder einer Stimme, weil sie lauter hervortreten. Da wir so sehr daran gewöhnt sind, einen Gesamtklang zu hören, filtern wir die entstandenen Einzeltöne der Obertöne gar nicht mehr auseinander. Wir hören eine Geige oder eine Gitarre, aber nicht ein Muster von lauten und leisen Obertönen.

> **Obertöne entsprechen mathematisch gesehen immer einem ganzzahligen Vielfachen einer Grundfrequenz/Grundschwingung.**

Das ganzzahlige Vielfache einer Grundfrequenz entspricht 2*, oder 3*, oder 4* oder n* der Grundfrequenz. Nehmen wir wieder unsere Stimmgabel, die nach dem Anschlagen mit 440 Hz schwingt. Der erste Oberton, der erzeugt wird, lässt sich nun leicht mit einer einfachen Multiplikation mit der Zahl 2 berechnen. Der erste Oberton hat somit 880 Hz, und das ist, oh Wunder, genau das Intervall einer Oktave.

> **Der erste Oberton der erzeugt wird, ist immer eine Oktave.**

Der zweite Oberton entspricht der Multiplikation der Grundfrequenz mit der Zahl 3, den dritten Oberton erhält man nach der Multiplikation mit der Zahl 4 usw.

In der Obertonreihe und ihrer mathematischen Struktur liegen viele Geheimnisse verborgen. Die Grundlagen der Harmonielehre basieren auf den Zahlenverhältnissen der Obertonreihe. Es sind aber nicht nur die Grundlagen der Harmonielehre, die dieser Obertonreihe gehorchen, nein auch im Bereich der Planeten, Moleküle und Atome sogar im EDV-Bereich findet man diese Gesetzmäßigkeit, so z. B. bei der Lage der Entfernung der Planeten von einer Sonne oder der Elektronenabstände vom Atomkern bzw. deren Aufenthaltsbereiche. Man kann beispielsweise berechnen, auf welcher Bahn sich ein Körper, mit welcher Geschwindigkeit um ein Zentrum bewegen müsste. Anschließend kann man dann nachprüfen, ob sich auf dieser Bahn, z. B. ganz entfernt von der Sonne, noch ein bisher unbekannter Planet finden lässt. Es gibt viele Beispiele für die vorherige Berechnung von derartigen, erst viel später gefundenen, Objekten.

Aber kommen wir zurück zu unserem Oktavgesetz.

Nachfolgende eine kleine Tabelle zur Veranschaulichung von Obertönen. Als Grundton verwenden wir einen Ton mit einer Schwingung von 64 Hz. Die Verdopplungen der Frequenz ergeben jeweils Oktaven und sind hier fett markiert.

Multipl. Faktor	Oberton	Frequenz	Intervall	Oktave
1	Grundton	64	Prime	Grundton
2	**1**	**128**	**Oktave**	**1. Oktave**
3	2	192	Quinte	
4 (2*2)	**3**	**256**	**Oktave**	**2. Oktave**
5	4	320	große Terz	
6	5	384	Quinte	
7	6	448	Naturseptime kl	
8 (2*2*2)	**7**	**512**	**Oktave**	**3. Oktave**
9	8	576	Gr. Sekunde	
10	9	640	Große Terz	
11	10	704	–	
12	11	768	Quinte	
13	12	832	–	
14	13	896	–	
15	14	960	Gr. Septime	
16 (2*2*2*2)	**15**	**1024**	**Oktave**	**4. Oktave**

Wenn die Saite einer Gitarre halbiert wird, indem man diese genau auf der Hälfte abgreift, schwingt die Saite doppelt so schnell (die Frequenz ist nun doppelt so schnell, die Frequenz wurde mit der Zahl 2 multipliziert), und man hört den Oktavton. Wer eine Gitarre besitzt, kann einmal mit dem Maßband genau die Hälfte der Saite ermitteln, und wird dann genau an dieser Stelle den 12. Bund finden, bei dem die Oktave gegriffen wird. Würde man die Hälfte der Saite noch einmal halbieren, dann entstünde wieder ein Ton, der genau eine Oktave höher liegt als der vorige.

Der Oktavton ist immer eine Kopie des Grundtones, nur eben höher, und die mit der Zahl 2 multiplizierte Frequenz der Grundschwingung. Beide Töne gesungen oder gespielt, harmonieren ganz und gar miteinander. Sie verschmelzen sozusagen perfekt miteinander, sodass man sie fast nicht mehr unterscheiden kann.

Es handelt sich im Prinzip immer um denselben Ton, nur dass dieser in jeweils höheren Lagen erklingt. Für unser Ohr bleibt ein A-Ton immer ein A-Ton, auch wenn er 5 Oktaven weiter oben erklingt.

Wer mehr über Obertöne erfahren möchte, sollte auch das Buch [9] von Wolfgang Saus "Oberton Singen" lesen. Hier wird die Natur der Obertöne sehr genau erklärt, und man kann sogar lernen wie man Obertöne beim Singen so verstärkt, dass man diese richtig gut hören kann.

Kosmische Schwingungen hörbar gemacht

Die natürlichsten Schwingungen, von denen wir umgeben sind, sind die kosmischen Schwingungen der uns umgebenen Himmelskörper. Das sind natürlich riesengroße Schwingungen, Bewegungen oder sich wiederholende Aktivitäten. Aber es sind regelmäßig wiederkehrende Ereignisse, also Schwingungen und Energie. Wir sind ein Bestandteil dieses Gefüges, und von diesen langsamen Schwingungen geprägt. Die Schwingungen mit den größten Auswirkungen auf unsere Lebenswelt, sind die Schwingungen derjenigen Himmelskörper, die uns am dichtesten sind. Das sind die Erde und der Mond.

Im Einzelnen handelt es sich um die Schwingungen der Rotation der Erde um sich selbst in 24 Stunden (mittlerer Sonnentag), um die Umrundung der Erde um die Sonne mit 365,24220 Tagen (tropisches Jahr), und um die Umrundung des Mondes um die Erde von einem Vollmond zum anderen Vollmond (synodischer Monat).

Die Schwingung des Erdenjahres, -tages und des Mondumlaufes sind in den Zellen der Lebewesen auf diesem Planeten eingeprägt, und Abweichungen von dieser Grundschwingung, müssen nach den Erkenntnissen verschiedener Wissenschaftler, Musiker, Mediziner etc. einen Einfluss auf unser Leben haben. Aber darauf komme ich gleich noch zurück.

Klang und Farbe des Erdenjahres

Über das Oktavgesetz kann nun die Schwingung eines Erdenjahres, -tages etc. hörbar, und sogar sichtbar gemacht werden. Ich bezeichne die Oktaven der Planetenschwingungen als Hochpotenzen der entsprechenden Grundschwingung.

Aber hier nun die Berechnung das Jahrestons und die Berechnung der dazugehörigen Farbe.

---

1 Tag = 86.400 Sekunden = Zeitdauer

1 Jahr = 365,24220 Tage sind 31.556.926 Sek. = Zeitdauer

Frequenz = 1 / Zeitdauer (in Sekunden)
(Auf dem Taschenrechner die Taste 1/x) *(1 geteilt durch eine Zahl x)*

1 / 31.556.926 (32 mal mit 2 multipliziert (oktaviert)) = 136,102 Hz

---

Nach der 32. Multiplikation mit 2, in der 32. Oktave, erhält man den Ton Cis mit 136,102 Hz. Dieser Ton ist die hörbare, potenzierte, transponierte, oktavierte Schwingung eines Erdenjahres. Es ist die hörbare Hochpotenz der Zeitdauer, die die Erde benötigt wenn sie 1 mal von einem Frühlingspunkt zum nächsten Frühlingspunkt gewandert ist.

Dieser Ton Cis liegt auf einer chromatischen Tonleiter deren Kammerton a' eine Schwingung von 432,1 Hz besitzt. Das heißt, besäße ich eine Stimmgabel mit 432,1 Hz, könnte ich mit dieser Erden-Kammerton-Stimmgabel im Einklang mit der Erdbewegung um die Sonne musizieren, wobei der Ton Cis dann genau der Schwingung der Erdumrundung um die Sonne entspricht. Die anderen Töne liegen dann im Bereich der entsprechenden Tonleiter mit diesem Kammerton von 432,1 Hz. Zu beachten ist immer, dass die Obertöne nicht genau auf den chromatischen Stufen einer temperierten Tonleiter liegen. Diese chromatischen Tonleitern sind Kompromisse an unsere modernen Musik-"bedürfnisse". Der passende Kammerton mit 432,1 Hz ausgehend von dem Cis-Ton wurde von Hans Cousto chromatisch berechnet [7]. Dieser Kammerton, für den es auch im Handel Stimmgabeln zu kaufen gibt, liegt deutlich unter dem, 1939 willkürlich von der Stimmtonkonferenz in London festgelegten, Kammerton von 440 Hz. Es sind heute auch schon Tendenzen zu erkennen, dass der Kammerton bereits auf teilweise über 450 Hz angehoben wurde.

Kammerton

Da der Kammerton völlig willkürlich in einer Konferenz festgelegt wurde, werden wir heute durch Stimmgeräte, Stimmgabeln und fertig gestimmte elektronische Instrumente in einen Schwingungsbereich gezwungen, der sich nicht auf eine natürliche Schwingungsbasis bezieht. Bei den Antroprosophen findet man Musikansätze, Instrumente und Stimmgabeln, die sich auf 432 Hz beziehen, und die der natürlichen Schwingung unserer Umgebung besser entsprechen. Auch die Instrumentenstimmungen der Antroprosophen beziehen sich oft auf Naturtöne, sprich Obertöne, und die kosmischen Zusammenhänge werden hier sehr ernst genommen. Ein Leben im Einklang zu führen heißt ja, sich den natürlichen Bedingungen anzugleichen, mit ihnen zu resonieren. Und das gilt meiner Meinung nach ganz besonders für den Bereich der Musik.

Wir sind auf Gedeih und Verderb dazu verdonnert, Musik zu konsumieren, die einer grundlegenden Natürlichkeit beraubt wurde. Unsere abendländische Musik bezieht sich auf 440 und mehr Hertz und diese "Beschleunigung" entspricht eigentlich nicht unserer natürlichen Schwingungs-Umgebung. Auch die "künstlichen" Intervalle, die zugunsten der Wohltemperierung zu Johann Sebastian Bachs Zeiten angeglichen wurden, entsprechen nicht genau den natürlichen Intervallen, die durch die Obertonreihe selbstverständlich gebildet werden. Unser Musizieren ist ein Kompromiss an das "Bedürfnis", jederzeit die Tonart ohne "Missklänge" wechseln zu können. Unser Ohr ist längst an diese "Temperierung" gewöhnt, sodass es schwierig sein mag, so ohne Weiteres auf die Naturtöne und Intervalle der Obertonreihe zurückzukommen. Es spricht jedoch nichts dagegen, seine Gitarre, seinen Gesang oder einen ganzen Chor etc. mit einer Kammertonstimmgabel auf 432,1 Hz einzustimmen, um zumindest in den Bereich der Erdschwingung (Jahreston) zu kommen. Wer weiß, vielleicht gibt es ja spürbare Auswirkungen?!

Makrokosmos = Mikrokosmos

Interessant im Zusammenhang mit der Erdrotation (24 Std., mittlerer Sonnentag) ist die Untersuchung von Fritz-Albert Popp [8], der zu dem Ergebnis kam, dass das Resonanzmaximum der DNS mit 854.000.000.000.000 Hz genau der 66. Oktave der Erdrotation entspricht.

Dieser Zusammenhang ist keine Zufälligkeit, sondern eine natürliche Folge der uns umgebenen Lebensbedingungen. Wir können zwar unseren Alltag "beschleunigen", aber unsere Zellen ticken trotzdem noch genauso wie vor 100 Millionen Jahren, so wie unsere kosmische Umgebung es uns vorgibt.

Um in Resonanz mit unserer Umgebung zu gehen, ist es deshalb also nur konsequent, mit naturbezogenen Tönen zu arbeiten, und beim Singen, Chorgesang, beim Stimmen von Gitarren oder anderen Instrumenten, einen kosmisch begründeten Kammerton von 432,1 Hz oder direkt das Cis von 136,10 Hz zu verwenden.

Das Cis des Erdenjahres hat eine sehr beruhigende Wirkung auf uns, und eine Stimmgabel mit einem Cis von 136,10 Hz kann jederzeit und ohne Schaden an jede Stelle des Körpers gehalten werden. In Fachkreisen nennt man den Ton auch "Jahreston OM" mit der Affirmation: "Die Entspannung der Seele".
Der Jahreston OM hilft in Behandlungen z. B. mit der Klangmassage mit einer Klangschale (bedingt) oder mit der Phonophorese bei Problemen des "Herzens". Er löst Krämpfe und Verspannungen und macht "locker". Seine Schwingung kann Kopfschmerzen lindern, und er wirkt angenehm beruhigend auf den gesamten Körper.
Phonophorese ist die Behandlung mit Stimmgabeln unterschiedlichster kosmischer Schwingungen auf den Körper-Meridianen [11].

Im Bereich kosmischer Harmonisierung kann man auch mit Klangschalen arbeiten, die auf die entsprechenden Planeten-Frequenzen "abgestimmt" sind, oder auf natürlichen Tonleitern liegen. Zum Thema Klangschalen und Klangmassage hat David Lindner [10] verschiedene Bücher veröffentlicht. Da sich Klangschalen aber durch ihre vielen Grund- und Obertöne und andere Phänomene einer eindeutigen klanglichen tonalen Zuordnung entziehen, und in sich bis zu einem Halbton schwanken können, sind Sie eher für das intuitive Arbeiten geeignet. Eine Klangschale kann im Laufe einer Klang-Behandlung auf einem menschlichen Körper, durch die Resonanz von Person zu Klangschale, unglaubliche Klangveränderungen zeigen, sodass unter Umständen keine genaue Frequenz mehr vorliegt.

Wie wir oben nun "berechnet" haben, beträgt die hörbare Frequenz der Erdjahresschwingung 136,10 Hz; ein Cis mit einem einen Kammerton a' von 432,1 Hz.

Indien und der Jahreston

In Indien hat die musikalische Tradition eine recht große Bedeutung, und hier sei nur kurz vermerkt, dass die indischen Musiker ganz ohne Berechnungen und technische Messungen schon seit Urzeiten auf den Klang des Erdjahrestons eingestimmt sind [7]. Die Grundstimmung der Sitar ist genau im Einklang mit der Erdschwingung um die Sonne gestimmt. So sind nicht nur die Instrumente, sondern auch die Musiker und Zuhörer auf diesen "immerwährenden Ton" eingestimmt. Der Grundton einer Sitar ist ein Cis mit genau 136,1 Hz. Dieser Grundton, den man Sadja nennt, was soviel wie "Vater der anderen" bedeutet, ist nach indischer Überlieferung der "immerwährende", "nie vergehende" Ton. Er steht für die "Nada" genannte Urschwingung, und wird durch die Silbe OM zum Ausdruck gebracht.

Warum wir in unserer technisierten Welt die kosmische Resonanz zu den Planetenbewegungen verloren haben, und nicht mehr wahrnehmen, hat möglicherweise mit einer "Überstrahlung" der kosmischen Schwingung zu tun. Wir sind überall von der elektrischen Schwingung von 50 Hz umgeben. Unser Stromnetz schwingt mit 50 Hz stetig in Kabeln und Geräten, sei dies zu Hause oder Unterwegs. Diese Schwingung ist offenbar so stark und übermächtig, dass wir die feine Abstimmung mit den kosmischen Rhythmen nicht mehr vornehmen können. Wir nehmen die Schwingungen des Universums nicht mehr wahr. Wir sind taub geworden. Wir hören die Ur-Töne nicht mehr, und eine Musik in natürlicher Resonanz mit dem Universum bleibt uns verschlossen. Nur wer diese Zusammenhänge erkannt hat, der kann gezielt und bewusst mit den bekannten kosmischen Schwingungen mit Jahreston-Stimmgabeln etc. dagegen angehen.

Richard Erlewein [18] hat die Hypothese aufgestellt, dass die stetige Anhebung des Kammertons, bis auf 450 Hz, direkt mit der 50 Hz-Schwingung des Stromnetzes in Zusammenhang steht. Wenn der Kammerton auf 450 Hz stünde, dann wäre dieser in der 3. Oktave (2*2*2) mit der Netzfrequenz von 50 Hz über eine große reine Sekunde (Intervallverhältnis 8:9) in Resonanz.

$$\text{Frequenz}_{\text{Kammerton}} = 50\ Hz * 2 * 2 * 2 * (9{:}8) = 450\ Hz$$

Wasser-Harmonisierung mit dem Erdenton

Die logische Konsequenz des bisher dargestellten führt uns nun zum Wasser. Wasser ist sehr empfänglich für Schwingungen. Mit dem Erdenton Cis kann man nun auch sein Wasser, seine Umgebung und sein Leben harmonisieren. Es kann das Wasser in einem Glas, oder auch unser Körperwasser sein, das man mit dieser Schwingung harmonisiert. Wie wir schon gelesen haben, werden Schwingungen von Wasser sehr gut aufgenommen und an alle Schaltzentralen unseres Körpers weitergeleitet.

Um Wasser zu beschwingen, oder zu harmonisieren, kann man sich einfach eine Stimmgabel mit einem Fuß, in 136,10 Hz, in unterschiedlichen Größen für ca. 60 Euro kaufen [12], und diese an ein Glas Wasser, auf die Unterlage, auf der das Wasser steht, oder direkt an den Körper halten. Die Schwingungen dringen über das Wasser oder direkt in den Körper ein, und sind wunderbar spürbar. Je größer die Stimmgabel, desto länger hält die Schwingung an. Eine größere Stimmgabel ist in jedem Fall zu empfehlen. Je nachdem, an welchen Punkten des Körpers die Stimmgabel angesetzt wird, erreicht man unterschiedliche Organe und Wirkungen. Man kann selbst herausfinden, an welchen Stellen sich die Schwingung am angenehmsten anfühlt. Einer meiner Lieblingspunkte ist der Punkt auf dem Brustbein, unter der sich etwa die Thymusdrüse befindet, oder oben auf dem Scheitelpunkt des Kopfes.

Eine medizinische Behandlung mit Stimmgabeln am Körper bezeichnet man mit Phonophorese [11].

Nebenbei sei hier noch vermerkt, dass es noch sehr viel mehr kosmische Schwingungen von anderen Planeten in unserem Sonnensystem gibt. Im Handel gibt es viele unterschiedliche Planetenstimmgabeln zu kaufen. All diese Schwingungen haben unterschiedliche Wirkungen auf uns, wenn sie als Einzelschwingung aus dem gesamten Harmonie-Kosmos herausgegriffen werden. Später werde ich noch eine kleine Tabelle zeigen, in der die wichtigsten Schwingungen eingetragen sind.

Klänge und dazugehörige Farben

Aber vorher noch ein kleiner Ausflug zu den Farben, denn Töne und Farben gehören durch das Gesetz der Oktave fest zusammen.

Wenn man die Jahresschwingung von 365,24220 Tagen 74 mal oktaviert, dann landet man im sichtbaren Bereich, im Bereich der Farben.

Wir errechnen nun die sichtbare Hochpotenz der Erdjahresschwingung.

1 Tag = 86400 Sekunden = Zeitdauer

1 Jahr = 365,24220 Tage sind 31.556.926 Sek. = Zeitdauer

Frequenz = 1 / Zeitdauer (in Sekunden)

(Auf dem Taschenrechner die Taste 1/x) *(1 geteilt durch eine Zahl x)*

1 / 31.556.926 (74 mal mit 2 multipliziert (oktaviert))

   $= 5,98584 * 10^{14}$ Hz

die Umrechnung von Hz in Nanometer ergibt [16]:

   = 500,836 nm

   = blaugrün/türkis

Mit dieser Berechnung sind wir im sichtbaren Bereich unserer Wahrnehmung gelandet. Wir sehen die Farbe blaugrün oder türkis mit 500,836 nm. Diese Farbe passt perfekt zu unserem Ton von 136,10 Hz, er stammt ja, wie das Cis, von der gleichen Quelle ab, nur dass die sichtbare Farbe etliche Oktaven über dem hörbaren Ton liegt.

Man kann nun ein Glas Wasser mit einer Ton-Schwingung von 136,10 Hz bespielen, und es gleichzeitig mit einer Farb-Schwingung mit blaugrünem/türkisem Licht beleuchten, oder das Glas auf einen blaugrünen Untersetzer stellen.

Mit dieser Maßnahme hätte man das Wasser mit verschiedenen Hochpotenzen (32. und 74. Oktave) der gleichen Grundschwingung, unserer Erdjahres-Schwingung, beschwungen. "Homöopathie" einmal anders!

Interessanterweise schreibt schon Darius Dinshah, der Sohn des Begründers der 12-Farben Chromotherapie [13], dass eine gleichzeitige Beleuchtung eines Glases Wasser mit der entsprechenden Behandlungsfarbe, getrunken nach der einstündigen Farblichtbehandlung, eine unterstützende Wirkung auf die Behandlung aufweist.

Wasser ist ein wichtiger Träger und Übermittler von Schwingungen. Das Wasser entzieht sich den physikalischen Gesetzen und der englische Wissenschaftler Martin Chaplin hat über 60 Anomalien das Wasser betreffend gesammelt und dokumentiert. Ständig findet man weitere Abweichungen von der Normalität, z. B. wie das Wasser die Gravitation überwindet [23].

Es ist seit langem bekannt, dass Wasser Informationen, Schwingungen, Energien etc. speichern kann, und dass die Qualität des Wassers durch Schwingungsbehandlung entscheidend verändert werden kann. Wasser lässt sich durch Schwingungen be-eindrucken, prägen, informieren, programmieren, harmonisieren. Die beiden Dokumentarfilme ("Die Wassermeister" und "Die Wasserheiler") von Franz Fitzke [14] handeln von der "inneren" Qualität des Wassers, und es gibt Untersuchungen, wie auch Klänge von Instrumenten, hier von einem Blasorchester, diese "innere" Qualität des Wassers in einem See verändern können. Hier wird auch gezeigt, wie ein belasteter See mit der berechneten Tonschwingung von Sauerstoff zur Wasserverbesserung beschwungen wird. Möchte man die sehr schnellen Molekülschwingungen von z. B. Sauerstoff hörbar machen, dann müssen die Schwingungen "rückwärts" oktaviert werden, also die Grundschwingung durch die Zahl 2 geteilt werden. Auch Alexander Lauterwasser arbeitet sehr aktiv an der Sichtbarmachung von Schwingungen in Wasser [14a], seine Internetseite und Bücher sind sehr zu empfehlen.

Wer Wasser so verändert, dass die Qualität verbessert wird, kann sich und der Umwelt nur Gutes tun. Eine Stärkung der natürlichen, durch die kosmischen Schwingungen vorhandenen, Körper-Zell-Schwingungen erscheint deshalb völlig überzeugend und sinnvoll. Wir sind Tag für Tag künstlichen, "falschen" Schwingungen ausgesetzt, denen wir nur mit unseren "richtigen" bzw. natürlichen Körperschwingungen entgegenstehen können. Sind wir auf dieser "richtigen" Schwingungsebene bereits geschwächt, können wir leicht über das Medium Körperwasser "um-programmiert" oder "um-informiert" werden, und Zellen können sogar entarten.

Unsere Körper-Zell-Schwingung kann über das Körperwasser dissonant oder resonant auf die äußeren Schwingungen reagieren. Nicht ohne Grund hat die Natur Resonanz von den kosmischen und mikrokosmischen Schwingungen in unseren Zellen vorgesehen. Die Baupläne und Schwingungsmuster von Zellen in Menschen, Tieren und Pflanzen sind Resonanzerscheinungen von kosmischen Grundschwingungen und der Erdbewegung.

Es ist also folgerichtig und konsequent, mit der natürlichen Basisschwingung, dem Jahreston OM, in Harmonie zu treten, der ja als unhörbare und unsichtbare Grundschwingung hier auf der Erde "immerwährend" vorhanden ist. Durch die Potenzierung mit dem Oktavgesetz kann die uns umgebene Grundschwingung bewusst hörbar und sichtbar gemacht werden, und wir können auf diese Weise verstärkt und konzentriert in Harmonie mit der Schwingung unseres Heimatplaneten treten.

Hätte ein Wesen seinen Ursprung auf dem Mars, dann würde man sicher die typischen Mars-Schwingungen in seinen Körperzellen wiederfinden. Deshalb stellt sich auch die Frage, ob die Besiedelung von anderen Planeten eine sinnvolle Idee ist, wenn möglicherweise die Fremd-Schwingung nicht mit unserer inneren Heimat-Schwingung harmoniert. Es wäre eine interessante Untersuchung, zu beobachten, wie sich beispielsweise Erd-Pflanzen im Schwingungsbereich anderer Planeten verhalten.

Unterschied zwischen Geräusch und Klang

Wir sind hier auf unserem Planeten nicht nur von natürlichen, schönen, harmonischen Klängen, sondern auch von äußerst dissonanten Geräuschen umgeben, die unter Umständen auch noch elektrisch angetrieben werden. Der Unterschied zwischen Klang und Geräusch ist der tonale Aufbau der Geräusch- bzw. Klangquelle. Der tonale Aufbau bei einem Klang erfolgt über die Obertöne, er ist harmonisch. Bei einem Geräusch gibt es keinen Aufbau über Obertöne, das Geräusch ist frequenzmäßig chaotisch aufgebaut, und wird als unangenehm empfunden, wenn es auf uns einwirkt. Geräusche, in allen Lautstärken, können zerstörerisch auf unsere Gesundheit wirken. Zermürbende Dauertöne von z. B. Heizungsanlagen und Lüftungsanlagen, Verkehrs- und Fluglärm, Computeranlagen etc. beeinträchtigen nachgewiesenermaßen unsere Gesundheit. Überhöhte Lautstärken von Geräuschen und Musik können unsere sensiblen Sensoren zur Schallschwingungswahrnehmung zerstören. Die Schallschutzverordnung wurde also nicht umsonst verabschiedet.

Im Gegenzug wurde die positive gesundheitliche Auswirkung von Musik, insbesondere durch eigenes Singen, schon in vielen Studien bewiesen, und ist von Wolfgang Bossinger [15] in einem umfangreichen äußerst lesenswerten Buch zusammengestellt worden.

Für unsere Gesundheit ist es wichtig, dass wir uns von den krankmachenden Geräuschen, so gut es geht fern halten, und immer wieder in natürliche Klangwelten eintauchen. Man kann immer nach einer optimalen Klang- und Farbwelt Ausschau halten. Ein Spaziergang in der Natur, mit all dem Vogelgezwitscher und der prächtigen Farbwelt, wirkt oft heilend auf Körper, Geist und Seele.

Musik in der richtigen Schwingung

Musik in Tonarten, die auf den heutigen Kammerton von 440 Hz basieren, können uns auf Grund unserer erdgebundenen andersartigen Zellschwingung nicht bis in die letzte Faser unseres Daseins erreichen. Wie mag Musik uns erst zu beseelen, wenn wir sie nach den Gesetzen des Kosmos ausrichten würden? Wie würden wir gekräftigt und gestärkt werden, wenn wir Musik im Einklang mit dem Kammerton auf der Basis des Jahrestons, mit 432,1 Hz hören würden?

Stellen Sie sich einen Feierabend mit Musik auf der Schwingungsebene des 432,1 Hz Kammertons, mit einem passenden Getränk, das mit 136,10 Hz beschwungen wurde vor, dazu eine türkisfarbene Beleuchtung. Dies hätte mit ziemlicher Sicherheit eine unglaublich entspannende und beruhigende Wirkung.

Es gibt auch Tonschwingungen, die ebenso aus natürlichen kosmischen oder mikroskopischen Grundschwingungen ermittelt wurden, die jedoch ganz andere Wirkungen aufweisen. Hier wurden z. B. die Planetenschwingungen der anderen Himmelskörper unseres Sonnensystems berechnet, oder auch die Schwingungen des Wasserstoffs, des Elements, das in unserem Universum am häufigsten vorkommt. Diese Schwingungen macht man sich gezielt in der Behandlung mit Stimmgabeln zunutze. Informationen hierüber finden sich in dem genannten Buch über die Phonophorese [11].

Wie schon berichtet, wurde der Erdjahreston bereits intuitiv vor Urzeiten in Indien gefunden, denn dort sind, neben der Stimmung der Sitar, auch die Tempelglocken in der Erden-Tonleiter gestimmt, und weichen nur Promille von der berechneten Erden-Tonleiter ab. Auch dies ist ein schönes Beispiel für die selbstverständliche Harmonie, die unsere Ahnen auch ohne Messgeräte gefunden haben.

Es gibt Stimmgabeln und Klangschalen im Handel, die den Jahreston tragen. Die Stimmgabeln können direkt an ein Glas gehalten werden, um das Wasser darin zu harmonisieren. Für die Energetisierung und Klangarbeit eignen sich Stimmgabeln ohne Firmenlogo [12] besser, da auch die Information von Mustern, Bildern, Mandalas, geschriebenen Wörtern, Zahlen usw. als Information in die Schwingungsübertragung mit eingehen.

Farbpapier erhält man in jedem Bastelladen. Türkisfarbene Umrührstäbchen aus Glas etc. siehe Seite 65. Wer es genauer möchte, sollte sich die 12 Farbfilterfolien nach Dinshah und passende Lampen mit Vollspektrumlicht besorgen [13]. Die Genauigkeit der Farbe, spielt natürlich eine Rolle, kann aber leider nicht konsequent umgesetzt werden. Allein die Messung der Farben, sowie auch die farbgetreue Umsetzung z. B. für die Herstellung farbiger Gläser erfordert einen hohen technischen Einsatz.

Unser Auge kann nur über 1 Oktave farbsehen. Das Spektrum wiederholt sich nämlich von Ton-Oktave zu Ton-Oktave. Der Bereich blaugrün/türkis ist hier als Bereich und nicht als absolute Schwingung zu verstehen. Ein Cis, egal in welcher Oktave, ist immer blaugrün/türkis. Sollte sich hier einmal ein "Harmoniemarkt" öffnen, bin ich mir sicher, dass man auch bald zu den Tönen die genau abgestimmten Farbtöne kaufen kann.

Hier eine kurze Übersicht zu den Tönen, und den dazugehörigen Farbbereichen:

F	Purpur-Rot
Fis	Rot
G	Orange-Rot
Gis	Orange
A	Gelb-Orange
Ais	Gelb
H	Gelb-Grün
C	Grün
Cis	Blau-Grün (Türkis)
D	Blau (Cyan)
Dis	Blau (Preußisch)
E	Violett
F	Purpur-Rot

Alle F's sind immer Purpur-Rot und alle E's sind immer Violett. Das für uns sichtbare Spektrum umfasst die Farben von Rot bis Violett genau wie im Regenbogen.

Man sollte keine "musikalischen Farbsysteme" verwenden, bei denen die Ton- und Farbschwingungen nicht mit dem Oktavgesetz harmonieren. Diese Systeme sind veraltet, oder willkürlich aufgebaut. Auf diese Weise wird Resonanz nur schwer möglich sein. Auch wenn es nur darum geht Kindern die Tonleiter beizubringen, ist es ratsam die Tonleiter auf einem F-Ton beginnen zu lassen, damit die Regenbogenfarben dann im richtigen tonalen Bereich angesiedelt werden.

Hier nun die versprochene Tabelle einiger Planetenschwingungen:

Planet	Umlaufzeit Tage	Tonfrequenz Hz	Oktave	Ton	Farbe	entspricht Kammerton a' (chromatisch) Hz
ERDE						
Sonnentag	1	194,18	24	g	rotorange	435,92
Erdenjahr	365,242	136,10	32	cis	blaugrün/türkis	432,10
MOND						
syn. Monat Vollm.-Vollm.	29,5306	210,42	29	gis	orange	445,86
PLANETEN	**Jahre**					
Merkur	0,2409	141,27	30	cis	blaugrün/türkis	448,51
Venus	0,61521	221,23	32	a	gelborange	442,46
Mars	1,8809	144,72	33	d	blau	433,67
Jupiter	11,8622	183,58	36	fis	rot	436,62
Saturn	29,4577	147,85	37	d	blau	443,04
Uranus	84,0153	207,36	39	gis	orange	439,37
Neptun	164,7883	211,44	40	gis	orange	448,02
Pluto	248,4301	140,25	40	cis	blaugrün/türkis	445,26

Wer gerne mehr über Schwingungen im molekularen Bereich wissen möchte, beispielsweise über die Schwingungen des Wasserstoffs, LSD, oder THC, MDMA sollte sich mit dem Buch von Hans Cousto, "Die Oktave" beschäftigen [7b].

Abschließend möchte ich noch einen kleinen Ausflug in die Welt des Rhythmus unternehmen, sodass ein wirklich globaler Überblick der Schwingungen geschaffen wird.

Schwingung und Rhythmus

Bisher wurde die ganze Zeit über Schwingungen und Frequenzen gesprochen, nun muss aber eine wiederkehrende Aktivität aber auch als Rhythmus verstanden werden. Ein Rhythmus hat an seinem Startpunkt bzw. Wiederkehrpunkt ein akustisches Element. Rhythmus ist eigentlich auch nur ein anderes Wort für Frequenz. Rhythmus wird z. B. in "beats pro minute" (bpm = Schläge pro Minute) angegeben. Das ist der Puls, das akustische Signal, das immer wiederkehrt. Rhythmus ist die Bezeichnung für hörbare "Schläge", die noch keine Töne sind. Erst wenn man die Geschwindigkeit der "Schläge" sehr stark anhebt, dann kommt man wieder in den Bereich von Tönen. Könnte man den Beat des Jahrestons hören, dann müsste am Frühlingspunkt ein tiefes "BONG" als akustisches Signal zu hören sein.

Das wären dann	1 Beat pro Jahr (365,2422 Tage)
oder	0,08333 Beat pro Monat (1/12 Monate)
oder	0,0027379 Beats pro Tag (1/365,2422 Tage)
oder	0,000114 Beats pro Stunde (1/8765,8128 Stunden)
oder	0,0000019 Beats pro Minute (1/525948,76 Minuten)

Das wäre ein unendlich langer Rhythmus, den wir als Puls nicht mehr, zum mittanzen nachempfinden könnten. Durch Verdopplung (Oktavierung) der Beats, die hier in Minuten und nicht in Sekunden angegeben werden, könnten wir etwa nach der 20.-21. Oktavierung einen Puls, eine Rhythmus wahrnehmen. Das entsprächen dann etwa 2-4 bpm oder ca. 0,033-0,066 Hz. Hierzu könnte man sich gerade noch rhythmisch bewegen. Der Mensch reagiert im Innen (auf organischer Ebene) wie im Außen (in Bewegungen) auf Ur-Rhythmen. Genau wie wir durch die Erdrotation beeinflusst werden, so werden wir auch von Rhythmen beeinflusst. Unsere eigenen Körperrhythmen, sprich die Arbeitsrhythmen unserer Organe wie Herz, Nieren, Leber etc. die alle ihre eigene Pulsationen besitzen, steuern unser

Leben und können durch äußere Rhythmen beeinflusst werden. Reinhard Flatischler schreibt in seinem Buch "TaKeTiNa" [19] sehr ausführlich über die Eigenschaften von Ur-Rhythmen, und hat aus seinen Beobachtungen die Ta-Ke-Ti-Na Rhythmus-Schule gegründet.

Er schreibt zum Beispiel über die Fluktuation und Variation von Naturrhythmen. Rhythmen werden in der Natur nie mathematisch gleichmäßig erzeugt, sie weichen immer ein wenig voneinander ab. Es gibt immer eine geringfügige Variation. Zum Beispiel der Herzschlag. Er ist gleichmäßig, aber keinesfalls genau. Zeichnet man den Herzschlag in einem Elektro-Kardiogramm auf, kann man sehen, dass die Abstände zwischen zwei Pulsen immer etwas variieren (Chronobiologie) [20]. Genauso wie man in der Natur keine zwei gleichen Blätter an einem Baum oder zwei gleiche Schneeflocken findet, ist alles in schwebender Bewegung, sei es in der Anpassung oder in der Neuschaffung. Auch wenn eine Unregelmäßigkeit in der Regelmäßigkeit existiert, so erleben wir diese Unregelmäßigkeit doch als natürlich und selbstverständlich. Deshalb werden auch die perfekten Beats von Rhythmusmaschinen in Musikinstrumenten oder auf CDs, die mit Hilfe von Sequenzern aufgenommen wurden, oft als langweilig, steril und nervtötend empfunden. Keine dieser Maschinen kann einen menschlichen Schlagzeuger ersetzen, denn dieser spielt seine Rhythmen mit Variationen und Fluktuationen. Man hat sogar herausgefunden, dass in diesen Fluktuationen gewisse Zyklen regelmäßig wiederkehren. In zahlreichen Untersuchungen mit unterschiedlichen Menschen zeigte sich, dass die Ungenauigkeit, die durch das Fluktuieren entsteht, sich nicht zufällig ereignet, sondern eine Wellenform besitzt.

Reinhard Flatischler hat im Rahmen der "Internationalen Gesellschaft für Musik und Medizin" mit dem Physiologen Dr. Koepchen zusammengearbeitet, wo es um die technische Verwirklichung von Fluktuation ging (Humanizing-Funktion von technischen Rhythmusgebern). Offenbar wurden diese technisch hervorgerufenen Schwankungen von entsprechenden Testpersonen ebenso wenig als natürlich empfunden, als die starren gleichmäßigen Beats in Rhythmusgebern. In diesen Fluktuationen scheint ein großes Geheimnis unseres gesunden Lebens versteckt zu sein, denn Krebszellen sollen, laut Dr. Koepchen die Eigenschaft der Fluktuation nicht aufweisen. In ihnen fehlt die Variation.

Die Auswirklungen, die computergesteuerte Rhythmen auf Menschen haben, sich bis heute nicht hinreichend erforscht.

Einfache Rhythmen von Trommeln haben unter bestimmten Vorraussetzungen die Kraft, das Muster von Gehirnwellen zu verändern, und somit gravierend in die Rhythmik des Nervensystems einzugreifen. Das Gehirn steht niemals still, und man kann anhand eines EEG (Elktroenzephalogramm) die Schwingungen des Gehirns sichtbar machen. In zahlreichen Forschungsarbeiten stellte sich heraus, dass Bewusstseins- und Wahrnehmungszustände mit bestimmten Gehirnwellenmustern verbunden sind.

Folgende Wellenbereiche findet man bei Gehirnwellenmustern:

<u>Deltawellen von 0,1 Hz bis 4 Hz mit folgenden Unterteilungen:</u>
Frequenzen zwischen 0,5 Hz und 4 Hz erzeugen generelle Tiefenentspannung und fördern den Schlaf.

- 0,1 Hz - craniosacrale Frequenz. Diese Frequenz soll eine Reihe von körpereigenen Schwingungen in Harmonie bringen und dadurch das Immunsystem, sowie die generelle geistige und körperliche Verfassung steigern.
- 0,5 Hz - eine Frequenz, die mit tiefer Entspannung und der Vorbereitung für den Schlaf verbunden ist.

- 1,0 Hz - eine Frequenz, die allgemeines Wohlgefühl, Balance und Harmonie erzeugt. Wird auch mit Wachstumshormonen in Verbindung gebracht.

- 1,5 Hz - eine Frequenz, die nach ersten Forschungsergebnissen eine deutliche Linderung der Symptome von CFS (Chronic Fatigue Syndrome = Chronisches Erschöpfungs- oder Müdigkeits-Syndrom) hervorrufen soll.

- 2,5 Hz - eine Frequenz gegen Schlafstörungen und Schmerzen, sie soll Endorphine und körpereigene Opiate freisetzen.

Thetawellen - von 4 Hz bis 8 Hz

Thetawellen treten im Traumschlaf auf, und sind bei Trancezuständen und tiefer Meditation dominant. Im Thetazustand ist das Unterbewusstsein und die Kreativität aktiviert. In diesem Zustand kann ein plastisches Vorstellungsvermögen, eine erhöhte Lern- und Erinnerungsfähigkeit erlangt werden. Für die Biofeedback-Forscher Elmer und Alyce Green (Menninger Foundation), sind Thetawellen ideal, um eine neue Art des Körperbewusstseins zu erfahren, die eng mit völligem Wohlbefinden und mit physischer Gesundheit und Regeneration zusammenhängen. Nach Dr. Thoma Budzynski ist der Thetazustand ideal für Superlearning.

- 7,83 Hz - 8 Hz - Schumannfrequenz. Die Schumannfrequenz ist eine Grenzfrequenz zwischen Theta- und Alphawellen. Auf dieser Frequenz befinden sich biologische Systeme in Übereinstimmung mit der Resonanzfrequenz der Erde und dem irdischen Magnetfeld. Delfine erzeugen diese Frequenzen selber und werden von 7,83-Hz-Schallquellen angezogen [21].

Alphawellen - ca. 8 Hz bis 13 Hz

Alphawellen treten in Entspannungszuständen und bei allgemeinem Wohlbefinden auf. Alphawellen entstehen vorwiegend in den Gehirnregionen des Hinterkopfes, besonders bei geschlossenen Augen. Alphawellen entstehen auch, wenn wir uns nach innen wenden und Musik hören.

Betawellen - 13 Hz und schneller

Betawellen treten bei aktiver Aufmerksamkeit auf. Auch Stress und Anspannungszustände induzieren Betawellen.

Wie hier schnell zu sehen ist, wurden diese Frequenzen schon reichlich untersucht und wissenschaftlich durchleuchtet, sodass überhaupt kein Zweifel mehr über die Wirkungen von Schwingungen herrschen kann. Es gibt natürlich auch diverse Verschwörungstheorien, nach denen wir durch "unbemerkte" Schwingungen beeinflusst werden sollen. Wir können unser Leben aber auch selbst in die Hand nehmen, und uns gezielt mit gesunden Schwingungen versorgen, indem wir das Wissen über lebensfördernde Frequenzen ganz aktiv anwenden und es in unseren Alltag integrieren.

Wo Stress, Zeitnot und Beschleunigung herrscht, ist oft kein Platz für harmonisches Schwingen. Deshalb sagen Sie sich zwischendurch ruhig mal los von all diesen äußeren Einflüssen und fühlen Sie in sich hinein. Entfernen Sie sich von all den Geräuschen der zivilisierten Welt und erlauschen Sie das Ursprüngliche.

Manch einer muss das vielleicht erst wieder erlernen, aber seien Sie sich sicher, dass Sie es wiederfinden werden.

In diesem Sinne wünsche ich Ihnen ein harmonisches Leben
Marion Sigmund

Lesen Sie auch....

Wasser - Alles klar?

von Marion Sigmund

Dieses Buch möchte etwas ganz Alltägliches über Wasser erzählen, und es wieder in Erinnerung bringen. Wasser kommt allzu oft nur aus dem Wasserhahn, und unser zweiter Mülleimer ist die Toilette.

Gedankenlosigkeit und der alltägliche Luxus, dass unser Wasser 24 Stunden, rund um die Uhr, zu nach Hause befördert wird, lässt uns leicht vergessen, dass ein Glas Wasser nicht nur eine Handbewegung am Wasserhahn ist, sondern mit unglaublich technischem Aufwand gefördert, aufbereitet und dann in unsere Wohnungen gepumpt wird.

"Wasser - Alles klar?" möchte auf dem Weg zu besserem Wasser unterstützen. Besseres Wasser bedeutet, dass wir selber besser mit dem Lebensmittel Wasser umgehen, es achten und schützen. Besseres Wasser bedeutet besseres Wasser für uns alle.

ISBN 978-3-8370-8015-5, 2008, Paperback, 80 Seiten, 12,95 €

Bestellungen:

Annette Langner Gesundheitsprodukte - Berlin

www.ganzheitliche-physio.de/shop.htm

Literaturverzeichnis - Lesetipps

[1]   Aus www.Wikipedia.org (Auszug)

Als **elektromagnetische Welle** bezeichnet man eine Welle aus gekoppelten elektrischen und magnetischen Feldern. Zu ihnen gehören unter anderem Radiowellen, Mikrowellen, Infrarotstrahlung, sichtbares Licht, UV-Strahlung sowie Röntgen und Gammastrahlung – kurz, das gesamte elektromagnetische Wellenspektrum. Der einzige Unterschied zwischen diesen Wellentypen liegt in ihrer Frequenz und somit ihrer Energie. Es gibt jedoch ein kontinuierliches Spektrum; die Einteilung in die oben genannten Typen beruht auf den sich mit der Frequenz kontinuierlich ändernden Eigenschaften der Strahlung oder ihrer Herkunft sowie auf den davon abhängigen unterschiedlichen Verwendungen oder Herstellungsverfahren oder den verschiedenen dafür benutzten Messmethoden.

Elektromagnetische Wellen benötigen kein Medium, um sich auszubreiten. Sie pflanzen sich im Vakuum unabhängig von ihrer Frequenz mit Lichtgeschwindigkeit fort. Sie sind Transversalwellen, d. h. die elektromagnetischen Felder schwingen senkrecht zur Ausbreitungsrichtung.

Elektromagnetische Wellen verhalten sich immer auch wie Teilchen (siehe Welle-Teilchen-Dualismus). Diese nennt man Photonen. Welches Verhalten bei einem Experiment mehr in den Vordergrund tritt, hängt davon ab, ob die Wellenlänge größer oder kleiner als die "charakteristische Ausdehnung" (etwa eine Spaltbreite oder der Wirkungsquerschnitt oder die Ortsunschärfe beteiligter Teilchen) des Versuches ist.

[2]   Aus www.Wikipedia.org (vereinfachter Auszug)

Wilhelm Reich wurde 1897 als erster von zwei Söhnen des Gutsbesitzers Léon Reich und dessen Frau Cecilia geboren. Reichs Geburtsort Dobzau, auch Dobrzanica, liegt im damals österreichischen Teil Galiziens, der Ort Jurinetz, wo Reich den Großteil seiner Kindheit verbrachte, in der Bukowina, dem damals östlichsten Teil des k.u.k. Österreich-Ungarn. Reichs Eltern waren zwar jüdischer Herkunft, hatten sich aber vom jüdischen Glauben gelöst, weshalb Reich keine religiöse Erziehung erhielt. Er wurde zuhause von Privatlehrern unterrichtet, bis er auf das Gymnasium von Czernowitz ging. Mit einem dieser Privatlehrer unterhielt Reichs Mutter zeitweilig eine intime Beziehung, die der etwa elfjährige Wilhelm aufdeckte. Seine Mutter verübte Suizid, als er vierzehn war; sein Vater wurde schwermütig und zog sich bald darauf – mehr oder weniger absichtlich – eine Krankheit zu, an der er 1914 starb. Der 17-jährige Reich musste nun die Leitung des Gutbetriebes übernehmen, wurde aber 1915 durch einrückende russische Truppen zur Flucht gezwungen. Er trat der k.u.k. Armee bei und blieb bis zum Kriegsende 1918 im Militärdienst. …

Im August 1939, kurz vor Beginn des Krieges, übersiedelte Reich mitsamt seines Labors nach New York, was nur möglich war, weil er einen Lehrauftrag an der New School for Social Research erhalten hatte. Dort hatte er Einfluss auf spätere Körperpsychotherapeuten wie Alexander Lowen und Fritz Perls, die insbesondere seine Erweiterung der psychoanalytischen „Redekur" zu einem psychosomatischen Konzept schätzten. Reich hatte in den 1930er Jahren von dem damals zu den führenden Physiologen zählenden Friedrich Kraus das Konzept der „vegetativen Strömung" übernommen und seine Charakteranalyse zur Vegetotherapie weiterentwickelt.

Parallel dazu hatte Reich mikrobiologische Forschungen durchgeführt und schließlich (1938) von ihm so genannte Bione gefunden, vesikuläre Gebilde im Grenzbereich zwischen Anorganischem und Organischem, die ihn schließlich zum Postulat einer spezifischen Energie (Orgon) führten. Diese Energie, die in speziellen „Orgonakkumulatoren" konzentrierbar sei, sei die biophysikalische Grundlage für die Wirksamkeit seiner Therapie, wirke bakterizid und hemmend auf das Wachstum von Krebszellen.

Ein gerichtliches Verbot der Verwendung dieser Orgon-Akkumulatoren sowie die Verfügung, diese Geräte selbst sowie alle seine Bücher zu vernichten, wurde von Reich nicht akzeptiert, da es sich um eine wissenschaftliche Frage handele. Nachdem ein Mitarbeiter Reichs gegen die Anordnung des Gerichtes, Orgon-Akkumulatoren nicht über die Staatsgrenzen zu transportieren, verstieß, wurde Reich 1956 zu einer zweijährigen Haftstrafe wegen „Missachtung des Gerichts" verurteilt. Während der Haft starb Reich laut offizieller Verlautbarung an Herzversagen.

Reichs Arbeiten wurden als „Werbeschriften" für den „Orgon-Akkumulator" unter Aufsicht der FDA verbrannt. Die FDA bestand auf der Verbrennung aller Arbeiten Reichs, wenn in ihnen das Wort Orgon vorkam, oder, wenn nicht, wenn ihnen gedankliche Vorarbeit für die Orgonomie unterstellt werden konnte, d.h. fast alle publizierten Schriften Reichs.

Reich verfügte in seinem Testament, dass sein schriftlicher Nachlass erst fünfzig Jahre nach seinem Tode der Nachwelt zur Verfügung gestellt wird; die Dokumente wurden demgemäss im November 2007 von der Bibliothek der Harvard University Medical School für wissenschaftliche Studien freigegeben.

[3]   Hompage von Jürgen Fischer zum Thema Orgon www.orgon.de

[4]   James De Meo, Der Orgonakkumulator (Verlag 2001)

        http://www.orgonelab.org/saharasia_de.htm

[5]   Aus www.Wikipedia.org (Auszug)

Das **Kelvin** (Einheitenzeichen: K) ist die SI-Basiseinheit der thermodynamischen Temperatur und zugleich gesetzliche Temperatureinheit; es wird auch zur Angabe von Temperaturdifferenzen verwendet. Hierneben ist in Deutschland und Österreich der Grad Celsius (Einheitenzeichen: °C) gesetzliche Einheit für die Angabe von Celsius-Temperaturen und deren Differenzen.

Thermodynamische Temperaturen und Celsius-Temperaturen besitzen die gleiche Skalierung, somit sind die Einheiten Kelvin und Grad Celsius gleich; während der Nullpunkt der Kelvin-Skala der absolute Nullpunkt ist, ist der Nullpunkt der Skala von Celsius-Temperaturen auf die Gefrierpunktstemperatur des Wassers bei Normalbedingungen (273,15 K) verschoben. Somit gilt: 0 K = −273,15°C; 273,15 K = 0°C. 274,15 K sind 1°C usw. Ein Temperaturunterschied von beispielsweise 10 K ist gleich einer Differenz von 10°C.

[6]   Aus www.Wikipedia.org (Auszug)

Die **Quantenphysik** ist der Bereich der Physik, der sich mit dem Verhalten und der Wechselwirkung kleinster Teilchen befasst.

In der Größenordnung von Molekülen und darunter liefern experimentelle Messungen Ergebnisse, die der klassischen Mechanik widersprechen. Insbesondere sind bestimmte Größen quantisiert, das heißt sie treten nur in bestimmten Portionen auf – den sogenannten „Quanten". Außerdem ist keine sinnvolle Unterscheidung zwischen Teilchen und Wellen möglich, da das gleiche Objekt sich je nach Art der Untersuchung entweder als Welle oder als Teilchen verhält. Dies bezeichnet man als Welle-Teilchen-Dualismus. Die Theorien der Quantenphysik suchen Erklärungen für diese Phänomene, um u. a. die Berechnung der physikalischen Eigenschaften im Bereich sehr kleiner Längen- und Massenskalen zu ermöglichen.

[7a]   Hans Cousto, Die kosmische Oktave (Synhesis)

[7b]   Hans Cousto, Die Oktave (Simon & Leutner)

www.planetware.de

Unter Wikipedia: Suchbegriff: Planetentöne

[8]   Fritz-Albert Popp:

Die Botschaft der Nahrung (Verlag 2001)

Biophotonen - Neue Horizonte in der Medizin: Von den Grundlagen zur Biophotonik (Haug-Verlag)

http://www.biophotonen-online.de

[9]   Wolfgang Saus, Oberton Singen (Traumzeit-Verlag)

http://www.oberton.org

[10]   David Lindner, Praxisbuch Klangmassage (Traumzeit Verlag)

http://www.traumzeit-verlag.de

Für die Energetisierung und Klangarbeit eignen sich Stimmgabeln etc. ohne Firmenlogo besser, da auch die Information von Mustern, Bildern, Mandalas, geschriebenen Wörtern, Zahlen etc. als Information in die Schwingungsübertragung eingehen.

[11] Künne/Schubert, Die heilende Kraft der Planetenschwingungen, Goldmann (Demnächst erscheint ein neues Buch von Künne über Phonophorese im Traumzeit Verlag)

[12] Stimmgabeln **ohne** Firmenlogo unter:
www.ganzheitliche-physio.de/shop.htm

[13] Darius Dinshah "Es werde Licht", über www.spectro-chrome.de
oder www.planetware.de
Monnica Hackl, Farben-Chromatotherapie nach Dinshah, Sonntag
(zur Zeit leider vergriffen)
Leuchtmittel, Poster, Roscolene-Farbfilter über:
www.ganzheitliche-physio.de/shop.htm
www.planetware.de
www.spectro-chrome.de

[14] DVD der Dokumentarfilme: "Die Wassermeister" und "Die Wasserheiler" von Franz Fitzke, Fechner-Media-Verlag
http://www.fechnermedia.de

[14a] Alexander Lauterwasser www.wasserklangbilder.de

Buchauswahl zum Thema Wasser:
Alexander Lauterwasser, Wasser Klang, Bilder / Wassermusik, AT
Viktor Schauberger, Das Wesen des Wassers, AT
Masaru Emoto, Die Botschaft des Wasser, Wasserkristalle etc.
Andreas Schulz, WasserKristallWelten
Ivan Engler, Wasser Polaritätsphänomen, Informationsträger...
Zerluth/Gienger, Gutes Wasser
Barbara Hendel, Wasser vom Reinsten

Ulrich Holst, Die Geheimnisse der Wasserbelebung

Wilkens/Schwenk, Wasser verstehen lernen

Welt im Tropfen

Kübler, Der Kosmos im Wassertopfen

Bischof, Tachyonen-Orgonenergie-Skalarwellen

Marion Sigmund, Wasser - Alles klar?

über: Annette Langner Gesundheitsprodukte - Berlin

www.ganzheitliche-physio.de/shop.htm

[15]   Wolfgang Bossinger, Die heilende Kraft des Singens, Traumzeit Verlag

[16]   Dr. Joachim Schulz www.quantenmechaniker.de Umrechnung von Energieeinheiten.

[17]   www.plocher.de (Roland Plocher)

www.penergetic.com (Daniel Plocher)

[18]   Richard Erlewein, Musik in kosmischer Resonanz, Die Bedeutung der alten Kammertöne, Aventurin Verlag (Ulmer Schatztruhe, Walfischgasse 11, 89073 Ulm, Tel: 0731-622 75)

[19]   Reinhard Flatischler, TaKeTiNa Rhythmus for Evolution, Schott-Verlag (mit DVD)

[20]   Peter Spork, Das Uhrwerk der Natur, Chronobiologie - Leben mit der Zeit, rororo

[21]   aus Wikipedia

Als **Schumann-Resonanz** (nach Winfried Otto Schumann) bezeichnet man das Phänomen, dass elektromagnetische Wellen einer bestimmten Frequenz mit dem Umfang der Erde stehende Wellen bilden.

Der mittlere Erdumfang beträgt 39.985.427 m (am Äquator 40.075.004 m, Polumfang 39.940.638 m). Bei einer Ausbreitungsgeschwindigkeit von 299.792.458 m/s (Vakuum) ergeben sich für den mittleren Erdumfang dabei rechnerisch fast exakt 7,5 Hz. Durch Ionosphäreneffekte verringert sich aber die Ausbreitungsgeschwindigkeit auf etwa 96 % der Vakuumlichtgeschwindigkeit.

Durch Blitze und andere Vorgänge wird in der Atmosphäre und Ionosphäre ein breites Spektrum elektromagnetischer Wellen ausgesendet, die auch als Sferics bezeichnet werden. Niederfrequente Wellen breiten sich hauptsächlich in der nur wenig leitfähigen Atmosphäre zwischen dem elektrisch gut leitenden Erdboden und der gut leitenden Ionosphäre aus. Wellen, die sich nach einer Erdumrundung wieder in der gleichen Phase befinden (oder der Erdumfang ist ein ganzzahliges Vielfaches der Wellenlänge) werden verstärkt, andere löschen sich aus. Dadurch ergibt sich eine Resonanzfrequenz von durchschnittlich etwa 7,8 Hz, die z. B. durch die Jahreszeiten und andere Einflüsse leicht schwankt.

Auch bei Vielfachen dieser Frequenz liegt eine Schumann-Resonanz vor, das stärkste Signal liegt aber bei der Grundfrequenz von 7,8 Hz; das entspräche übrigens im unhörbaren Schallspektrum dem Ton H(4) +25 cent.

Dieses Phänomen wurde 1952 von Winfried Otto Schumann und Herbert L. König entdeckt. Bereits früher war die Existenz derartiger Resonanzen postuliert worden. Die elektromagnetischen Wellen werden lokal leicht durch künstlich erzeugte Wechselfelder verdeckt. Bei der Vermessung des Frequenzspektrums in diesem niederfrequenten Bereich sind auch stärkere künstlich erzeugte Wellen zu beobachten, so z. B. die Frequenzen des europäischen und des amerikanischen Stromnetzes (50 Hz bzw. 60 Hz) und amerikanischer bzw. russischer U-Boot-Kommunikationssysteme (76 Hz bzw. 82 Hz).

Schumann-Resonanz-Frequenzen bis 300 Hz gehören in den Frequenzbereich, der international durch die Abkürzung ELF bekannt ist.

[22]   Link zu Spektralfarben:

http://spz.uni-erfurt.de/renzi/bastelei/colorsys/regenbogen.html

[23]   The Floating Waterbridge: Eine sehr interessante Anomalie des Wassers http://www.ptc.tugraz.at/specmag/waterbridge1.htm

[24]   Homepage zum Neurophon von Patrick Flanagan
Hören über die Haut
http://www.flanagan-neurophone.com/Home/home.html
Buch: Katrin Klink, Patrick Flanagan - Interviews, Hintergründe und Biographisches, Michaels Verlag 2005
Deutsch Variante: Thinkman www.ZeitenSchrift.com

Interessante Bücher und Links zum Weiterstaunen
- Die Blume des Lebens http://www.blumedeslebens.net SN-Design
- Drunvalo Melchizedek: Die Blume des Lebens Teil 1 und Teil 2 aus dem Koha-Verlag

- Rolf Fröböse: Die geheime Physik des Zufalls, BoD
- Markolf H. Niemz: Lucy mit c, Eine Reise durch Raum und Zeit, BoD
- Markolf H. Niemz: Lucy im Licht, Dem Jenseits auf der Spur, Droemer/Knaur

Zubehör für Ihr harmonisches Leben

Bestellungen/Anfragen:

Annette Langner Gesundheitsprodukte
Gneisenaustr. 83, 1. Stock
10961 Berlin - Kreuzberg
Web: www.ganzheitliche-physio.de/shop.htm

- Stimmgabeln 136,10 Hz mit Tonpunktur-Aufsatz ohne Firmenlogo (groß, ca. 25 cm Länge mit Aufsatz)
- Original Shantis aus den Pyrenäen
- diverse Glasstäbe z. B. türkis oder mit Edelsteinen zum Umrühren von Getränken.
- Getränkeuntersetzer, Lebensblumen-Objekte,
- Dinshah-Farbfolien und Zubehör, Lichtgeräte, Vollspektrumlicht
- Naturklänge z. B. Meeresrauschen zur Entspannung
- Buch: Wasser - Alles klar?
- und vieles andere ...

Eigene Notizen: